艺术家传略丛书
Artists in Profile

现代艺术家与波普艺术家
CONTEMPORARY ARTISTS and POP ARTISTS

天津教育出版社
TIANJIN EDUCATION PRESS

A卷·现代艺术家

什么是现代艺术? /6

让·米歇尔·巴斯奎特 (Jean-Michel Basquiat) 1960~1988 /13

约瑟夫·鲍依斯 (Joseph Beuys) 1921~1986 /18

露易斯·布尔乔亚 (Louise Bourgeois) 1911~ /23

克里斯托 (Christo) 1935~ /28

安迪·高兹沃斯 (Andy Goldsworthy) 1956~ /31

安东尼·葛姆雷 (Anthony Gormley) 1950~ /35

芭芭拉·赫普沃斯 (Barbara Hepworth) 1903~1975 /38

瑞贝卡·霍恩 (Rebecca Horn) 1944~ /43

伊夫·克莱因 (Yves Klein) 1928~1962 /46

理查德·隆 (Richard Long) 1945~ /51

亨利·摩尔 (Henry Moore) 1898~1986 /54

大卫·史密斯 (David Smith) 1906~1965 /59

瑞秋·怀特理德 (Rachel Whiteread) 1963~ /64

B 卷·波普艺术家

什么是波普艺术？/70

鲍林娜·波蒂（Pauline Boty）1938~1966/77

吉姆·戴恩（Jim Dine）1935~ /82

理查德·汉密尔顿（Richard Hamilton）1922~ /85

大卫·霍克尼（David Hockney）1937~ /89

贾斯伯·琼斯（Jasper Johns）1930~ /92

罗伊·利奇滕斯坦（Roy Lichtenstein）1923~1997/97

克莱斯·欧登伯格（Claes Oldenburg）1929~ /104

爱德华多·鲍罗齐（Eduardo Paolozzi）1924~2000 /109

罗伯特·劳申伯格（Robert Rauschenberg）1925~ /114

乔治·西格尔（George Segal）1924~ /119

安迪·沃霍尔（Andy Warhol）1928~1987/122

新生代/129

A卷·现代艺术家

[英] 瑞秋·巴恩斯 著
简悦 译

什么是现代艺术？

近年来，艺术家们跳出了为在美术馆展出、供人欣赏而绘画和雕塑的传统理念。他们坚称艺术包罗万象，艺术无处不为：从城市街头、田间森林，到画室、美术馆，艺术应当无处不能展示。现代艺术要不拘一格，要百花齐放，艺术家们既可以录像、摄影，也能够从事装置艺术和行为艺术。

然而，艺术家们挑战艺术内涵，赋予艺术新生的尝试其实由来已久。1913年，法国艺术家马塞尔·杜尚将脚踏车做成雕塑，并邀请现场观众摇动车轮。事实上，脚踏车并非出自杜尚之手，他只是将其买下而已。杜尚称之为"现成品"。1918年，他首次展出了一个现成的小便斗，美其名曰《泉》，并在上面署名R. Mutt。几乎与此同时，他居然还开起了《蒙娜丽莎》的玩笑。在其复制品上，他信手让这位微笑的美丽妇人"长出"了两撇小胡子和一缕山羊胡，落款是"她的屁股热乎乎"，还把它拿去展览。这两件作品无疑成了众矢之的，但这也正中杜尚下怀。他是醉翁之意不在酒，旨在戏弄那些对艺术过于小心翼翼甚至矫揉造作的人。他以自己的方式向人们传达着这样的理念，即"艺术是艺术家眼中的艺术"，艺术家的使命是引发人们重新审视艺术。

达达主义和超现实主义

现代艺术的许多理念均源于一场名为"超现实主义"的艺术运动。20世纪二三十年代，"超现实主义"发端于"达达主义"，滥觞于文学，后又影响到艺术和建筑。"达达"的本意是"胡言乱语"，最初用以形容反传统艺术和反前人艺术的艺术家。第一次世界大战让这些人身心俱疲，万念俱灰。于是，他们开始排斥19世纪遗留下的一切艺术传统，并用自己的艺术刺激着人们的感官。

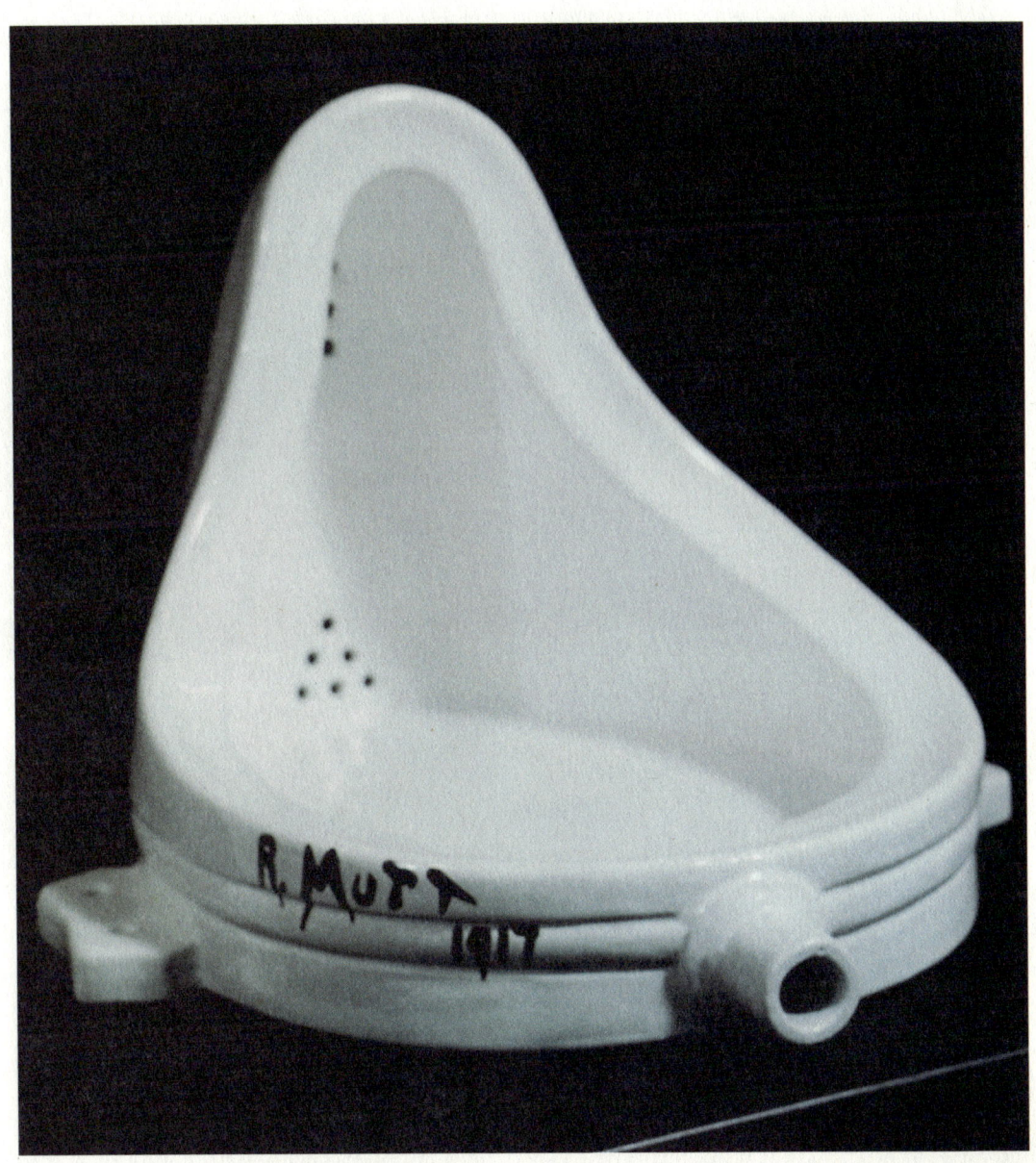

★《泉》,马塞尔·杜尚(1917年)

　　这个"现成品"小便斗,并非出自杜尚之手,而是其订购的。正如他所愿,该作品在当时颇受争议,并引发了一场长达一个世纪之久的关于现成品和艺术的内涵与目的的大讨论。

★《人体测量学》,伊夫·克莱因(1960年)
　　为了完成这幅作品,艺术家首先在裸体模特身上涂满蓝色颜料,然后让她们躺在铺在地上的画布上滚动,她们身体所及之处便形成了这一幅画作。

"超现实主义"起源于20世纪20年代的法国巴黎。安德罗·马松、琼·米罗、杰·阿尔普、勒内·马格里特、萨尔瓦多·达利等艺术家们潜心研究人的潜意识,在各自的作品中创作出了一系列荒诞怪异、梦境般的意象。

行为艺术

现代艺术家挑战艺术内涵的另一种方式是行为艺术。行为艺术是20世纪60年代产生的"偶发艺术"的延伸。艺术家以行为艺术的方式超越着艺术客体的束缚,具有极强的表演性。他们在表演时,自身便成为艺术品。舞蹈、音乐、戏剧、哑剧、雕塑都可以拿来表演;此外,行为艺术还鼓励现场观众亲身参与表演。

各种媒材、素材和主题都可以应用于行为艺术之中。一位评论家曾经把它描述成"最直接的艺术形式,最畅通无阻的审美沟通"。法国艺术家伊夫·克莱因是行为艺术的始作俑者,他利用涂满蓝色颜料的裸体女模特当画笔,在受邀的观众面前作画。

装置艺术

一批才华横溢,富于想象的艺术家们开创了这种别具一格的艺术形式。具有诗人气质的德国雕塑家兼教师约瑟夫·鲍依斯(1921~1986)便是对后现代艺术颇有影响的艺术家之一。鲍依斯将装置艺术的理念发扬光大,他认为艺术家们可以在整间屋子里随心所欲地放置绘画、雕塑或展示其所选定的影像。很难说当代有哪一位艺术家不曾得益于鲍依斯。德国行为艺术及装置艺术大师瑞贝卡·霍恩(1944~)就将鲍依斯尊为导师。

从装置艺术早期的发展史来看,它只将艺术视为观赏客体,并不要求观众亲自参与。因此,早期的装置艺术跟传统艺术一样,受到了质疑与挑战。在马塞尔·杜尚的《脚踏车轮》(1913年)

展出时,观众一进画室,便受邀上前亲手摇动车轮,这使得他们不单是看客,更是参与者。20世纪六七十年代末,很多人成了公认的装置艺术家。

室外装置

地景艺术家理查德·隆和安迪·高兹沃斯一反为展览而雕塑的艺术传统,转而在乡村构建自然装置。天然石材、木棍甚至是一整棵树都能够为其所用。有些地景艺术品如昙花一现,只有照片为证,以饱后世观众的眼福;有些则能够永存于世,与自然风光融为一体并渐渐成为一道风景。

保加利亚艺术家克里斯托(1935~)热衷于露天装置艺术的创作。他的很多作品都是令人

★《螺旋形防波堤》,罗伯特·史密森(1970年)
史密森创作和拍摄了这幅美丽的地景风光。图中长达475米的螺旋体实在不失为一件艺术杰作。

叹为观止的大手笔,如"包裹"大厦,给岛屿"穿上"浮动的塑料长裙,为海岸和内陆山谷围起屏障。20世纪80年代初,他缔造出了一件非同凡响的作品——《向克劳德·莫奈致敬》,也叫《被环绕的岛》或《佛罗里达州比斯坎湾》。该作品占地180万平方米,比斯坎湾的11座小岛被粉红色的纤维团团包裹,活脱脱成了一朵漂浮在佛罗里达海域的巨型睡莲。

概念艺术

20世纪60年代,美国艺术家索尔·勒维特极力倡导这种作品与理念并重的艺术形式。概念艺术认为艺术理念的物化不如创意准备工作(如草图、说明和其他文本等)重要。1967年,索尔·勒维特这样定义概念艺术:"在概念艺术中,创意与理念至关重要。艺术家要事先进行周密策划,唯其如此,创作才能水到渠成。创意即是一部生产艺术的机器。"

录像艺术

20世纪60年代,为了响应电视的日益普及,一批录像艺术作品悄然诞生;20世纪80年代,录像艺术与流行商业广告片之间的界限越来越模糊;到了20世纪90年代,人们越发倾向于将录像

当代艺术中心(ICA)

当代艺术中心坐落于伦敦,为促进当代艺术的发展做出了巨大贡献。该中心由罗兰特·潘罗斯和赫伯特·里德于1947年主持建立。它将自己标榜为发展和展现先锋艺术作品、培养文化创新思维、进行艺术实践的乐土。该中心是一个非营利性的教育慈善机构,其发展资金主要来源于英格兰艺术协会、威斯敏斯特市议会和英国电影协会。当代艺术中心展出来自世界各地的新生代艺术家的艺术作品。

与计算机技术相融合;而录像与雕塑元素的结合则使录像逐渐发展为一门艺术。

20世纪的艺术家们孜孜不倦地发展、重塑着自我,使整个艺术界气象万千。本书的主人公们就是那些走出美术馆、画廊而置身于城市街头、公园乡村,向世人展现着艺术魅力的现代艺术家们。

让·米歇尔·巴斯奎特（Jean-Michel Basquiat）1960~1988

- 1960年12月22日生于纽约布鲁克林
- 1988年8月12日于纽约市逝世

主要作品

《K》（1982年）

《拿破仑模式》（1983年）

《柴迪科》（1984年）

★巴斯奎特英俊帅气，充满活力，开朗外向，是纽约艺术舞台上一颗闪亮的明星。他的一生短暂而充满悲剧色彩。

让·米歇尔·巴斯奎特令人难以琢磨。他才华横溢却不知爱惜生命，终落得英年早逝的结局。他1960年12月22日出生于纽约布鲁克林，父亲杰勒德是一位来自海地的中产阶级会计师，母亲马蒂尔德是波多黎各后裔。巴斯奎特会说西班牙语和英语，自幼喜欢读书。小时候，巴斯奎特的母亲经常带他去纽约大都会博物馆和当代艺术博物馆看画展，在母亲的鼓励下，小巴斯奎特迷上了绘画。

然而，小时候的两次重创对他影响至深。第一次发生在1968年，他在街上玩耍时，被一辆汽车撞倒在地。这是一起非常严重的交通事故，事后，他的一只胳膊骨折，脾脏被摘除，住院长达一个月之久。住院期间，母亲给他拿来本名叫《格氏解剖学》的医学大百科全书，里面详细收录了很多解剖图片。这本书对他日后的创作产生了深远的影响。然而祸不单行，同年，他又经历了第二次打击。他的父母离异了，父亲获得了他和两个姐姐的抚养权，但是，巴斯奎特却与母亲更为亲近。不能跟母亲生活在一起令他痛苦万分。

14岁的巴斯奎特俨然已是一个叛逆少年。父亲杰勒德·巴斯奎特把他和两个姐姐带到了波多黎各,并在那里整整呆了两年。从这时起,巴斯奎特便不断地上演着反叛与离家出走的闹剧。16岁时,他们搬回纽约。父亲将他送到美国友好学校就读。这是一所专门招收天资聪颖但不善学习的孩子的学校,该校依托于城市中的博物馆开展实用教学。尽管学校生活无拘无束,可巴斯奎

★《成功》,让·米歇尔·巴斯奎特(1980年)

巴斯奎特的《成功》别具一格,巧妙地体现了街头涂鸦的色彩和风格。

特仍要离家出走。一次,在他失踪两周后,父亲终于在格林威治村的华盛顿广场公园找到了他。两周以来,他大部分时间都在那里吸食迷幻药。

在美国友好学校,巴斯奎特结识了阿尔·迪亚兹,并与之成为好友。阿尔·迪亚兹是纽约一个

★《无题》,让·米歇尔·巴斯奎特(1984年)
最初,巴斯奎特只在纽约地铁站的墙上涂鸦。其涂鸦艺术吸取了很多艺术精华,尤以具象手法见长。

非正式青少年涂鸦社团的成员,他将巴斯奎特介绍入会。阿尔·迪亚兹和巴斯奎特虚构了一个人物——SAMO(意为"老掉牙的废话"),并在纽约地铁站和大街上涂鸦后,署上此名。上学期间,阿尔·迪亚兹和巴斯奎特就吸引了媒体的广泛关注。

巴斯奎特的学习生活在1977年6月画上了句号。他把剃须乳液甩得校长满头都是,好好的毕业典礼被他闹翻了天。一年以后,父亲无奈之下同意他离家闯世界。起初,他居无定所,不是睡在朋友公寓的地板上,就是露宿街头。那时的他已经开始吸食海洛因和可卡因等A货了。

巴斯奎特喜欢奇装异服,他的另类打扮使他很快成了市区东村穆德摇滚俱乐部的名人。他热衷于派对与劲舞,还不时搞怪来哗众取宠,这令其好友阿尔·迪亚兹非常反感,并一度使两人关系陷入紧张。后来,巴斯奎特长期独占着"SAMO"这一标签的使用权。1979年,19岁的巴斯奎特成立了自己的乐队,乐队的名字换个不停,甚至取名为"噪音乐队"。他还亲自设计T恤衫,创作素描和拼贴画,并拿到华盛顿广场公园和纽约现代艺术博物馆前出售。

1980年,巴斯奎特在"时代广场展览"(这次展览在纽约一处闲置的大厦中举办,获得了巨

凯斯·哈宁(Keith Haring)

1958年凯斯·哈宁生于宾夕法尼亚州的瑞丁市。跟巴斯奎特一样,他也是著名的涂鸦艺术家。与巴斯奎特不同的是,哈宁曾经研究过视觉艺术,还在纽约视觉艺术学校学习过绘画、雕塑和艺术史。在纽约时,他与巴斯奎特交好。他们二人在东村一起分享着涂鸦的快感。哈宁说过:"涂鸦是我所见过的最美的艺术。"

哈宁1982年10月在纽约托尼·沙弗拉兹画廊举办首场个人画展并一举成名。他在艺术上取得了举世瞩目的成就。不幸的是,凯斯·哈宁染上了艾滋病,于1990年2月16日去世,年仅31岁。

大成功)上首次展出了个人作品,这标志着他在艺术上的新突破。在这个关键时刻,巴斯奎特被引见给著名的波普艺术家安迪·沃霍尔。后来,巴斯奎特毅然离开乐队,专心于艺术。起初,沃霍尔对巴斯奎特有点敬而远之,但日后却对巴斯奎特产生了很大影响。

后来,巴斯奎特频频展出自己的作品,逐渐成为多民族城市文化的代表,声名远播至欧洲大陆。1981年5月,他在意大利摩德纳的埃米里亚·马佐拉画廊举办了个人展。1981年9月,纽约一家画廊的意大利籍经纪人安尼娜·诺塞伊成为巴斯奎特的第一任经纪人。与此同时,顶尖艺术杂志《艺术论坛》上刊登的一篇文章对他赞赏有加,从而更加巩固了他与日俱增的声望。

巴斯奎特极富原创性的作品成就了他——令他得到了曾经梦想的一切。1983年,年仅23岁的他受邀参加纽约惠特尼双年展,这是对他艺术成就最好的认可。但是,由于长期毫无节制地吸食海洛因和可卡因,他的神经渐渐崩溃了。他经常和朋友以及经纪人发生口角,身边的人走马灯似地换个不停。据他的很多朋友说,他的生活一团糟,即便与沃霍尔的关系也是勉强维系。1987年,沃霍尔的突然辞世让巴斯奎特自此一蹶不振,从而走上了自我毁灭的不归路。1988年8月12日,由于过量吸食毒品,年仅28岁的巴斯奎特死在他纽约的画室中。

约瑟夫·鲍依斯 (Joseph Beuys) 1921~1986

- 1921年5月12日生于德国克雷费尔德
- 1986年1月23日在德国杜塞尔多夫逝世

主要作品

《床》(1950年) 《毛毡衣》(1970年) 《革命是我们》(1972年)

　　作为行为艺术家、雕塑家、装置艺术家和教师,约瑟夫·鲍依斯对欧洲的后现代艺术产生了重大影响。他1921年5月12日生于德国克雷费尔德,在德国克拉夫斯附近的林登度过了他的童年和青少年时期。约瑟夫·鲍依斯的父亲是一个让他总觉得很疏远的商人,在当地经营着面粉和饲料的生意。约瑟夫的家庭信仰罗马天主教。约瑟夫·鲍依斯是家中唯一的孩子,非常勤学好问。他对科学、自然、地方历史、民间传说以及神话有着浓厚的兴趣,他甚至在父母的房子中建造了一间实验室。他还很有音乐天赋,会演奏钢琴和大提琴。同时,他也注意培养自己对于艺术的兴趣,他定期到当地一个名叫阿克里斯·莫特加特的雕塑家的工作室参观学习。他日后的作品都反映了他儿时的兴趣爱好——事实上,每个细节都讲述着他的生活。

　　毕业后,他有志成为一名儿科医生,但二战的爆发让他的梦想成为泡影。1940年,19岁的他加入希特勒的纳粹空军部队。在部队中,他成了一名俯冲轰炸机飞行员,驻扎在俄罗斯南部、乌克兰和克里米亚。他在战争中遭受的创伤对他整个艺术生涯产生了深远的影响。据他自己说(此番话曾引起质疑),1943年在德国空军服役期间,他的轰炸机被敌军击落,军部以为他无法生还,便将他遗弃在冰天雪地的克里米亚,当地的鞑靼人救了他的命。在整个战争中,鞑靼人都过着与世无争的生活,他们既憎恨苏联人也蔑视德军。鞑靼人发现鲍依斯的时候,他的身体已经冻僵了,于是他们给他涂上动物脂肪,然后用毛毡裹起来,这样可以防止热量散失并御寒保暖。

尽管这期间他一直神志不清,可这件事给他留下了难以磨灭的印象。日后,鲍依斯将动物脂肪和毛毡这些对他有特殊意义的材料用于作品之中。1965年,他表演了一场行为艺术:他将一堆堆的动物油不规则地堆放在空荡荡的屋子中,然后用脂肪和油将自己裹起来,用以真实再现当年在克里米亚救命恩人挽救他时的情景。

1946年,战争结束后,鲍依斯返回克拉夫斯并下决心成为一名雕塑家。他师从当地一位艺术家瓦尔特·布拉克斯。1947年,他来到杜塞尔多夫艺术学院,但战争的梦魇仍在折磨着他的身心。1952年,他学成毕业,但此后近10年间,他并没有搞雕塑,而把大部分时间都花在绘画上。

1961年,他到杜塞尔多夫艺术学院雕塑系讲授纪念碑雕塑。他决心要恢复艺术与政治领域

★德国籍艺术家鲍依斯魅力不凡、神秘莫测,他对实验艺术影响巨大。

中的人文元素。鲍依斯把这一时期看作自己雕塑的转型期。他尤其希望能够引发人们展开"什么是艺术"的大讨论，并深入思考如何将常见的材料延伸至艺术创作中来。

1962至1965年间，鲍依斯成为了"激浪派"的一员。该组织机构松散，由一些深受艺术家马塞尔·杜尚和作曲家约翰·凯奇影响的艺术家组成，他们思想开放，不墨守成规。激浪派以"偶发艺术"、混合媒体艺术、出版物和音乐会闻名。1965年底，鲍依斯决定离开该组织，据他说："他们这些人只会拿着镜子照别人，从来都不知道如何改变现状。"也就是说，他们只会对社会挑三拣四，横加指责，但却改良乏术。在他离开以前，为了表达自己的不屑和鄙夷，他在黑板上写下了这样的话："马塞尔·杜尚的沉默被高估了。"

鲍依斯最具诗意和神秘色彩的作品是在杜塞尔多夫·斯蒂勒玛画廊上演的行为艺术《如何对一只死兔子解释图画》。在作品中，鲍依斯呆在一间空屋子中，周围放着他最熟悉的媒材：脂肪、毛毡、电线和羊毛。鲍依斯用蜂蜜和金色的树叶把自己的头包起来，穿上两只鞋——一只鞋底是钢锉，另一只鞋底是铁板，然后边走边向怀里抱着的死兔子解释馆藏的作品。他以此来强调："解释所面临的问题，尤其是涉及艺术和创意作品时，即便是一只僵死的动物，仍然以它们固执的理性保持着比人类更多的直觉。"

鲍依斯对各类创意与课题的兴趣广泛，令人瞠目。他广泛利用各种媒材进行创作，从绘画、印刷、雕塑、行为艺术到装置艺术，他几乎无所不能，无所不为。绘画对于他而言意非凡，是他日后作品的起点，其中蕴含的思想火花为他后来的雕塑、授课和行为艺术奠定了基础。绘画之于鲍依斯，无异于情感的宣泄，心智的荡涤。鲍依斯以其独特而又神秘的方式向人们传达着他的艺术理想，即艺术是日常生活必不可少的一部分。同时，在他的作品中又不难看出他情绪的波动——焦虑、快乐、爱、愤怒和恐惧。

早年的鲍依斯观点激进，但后来他渐渐成为世界艺术舞台的核心人物。20世纪60年代，他参

★《毛毡衣》，约瑟夫·鲍依斯（1970年）

1943年，作为轰炸机飞行员的鲍依斯被敌军击落，军部以为他无法生还便将其遗弃。战争给他造成很大的创伤，以致于他的很多作品都与他的鞑靼救命恩人有关。这幅《毛毡衣》就是一例。这件衣服绝对谈不上好看，但它代表着舒适、温暖和难以忘却的记忆。

加了一系列抗议示威游行。他认为每个人都应当被视作一名学生,有上课的权利,这使他于1972年被杜塞尔多夫艺术学院解聘。他关心社会政治,并于1979年与他人联合成立了德国绿党。

1986年1月23日,鲍依斯死于心脏功能衰竭。很多人惊奇的发现他居然还有妻儿家室（妻子名为艾娃,二人于1959年结婚）。因为他生前总是特立独行,对于私生活守口如瓶,所以在外人看来,常人中规中矩的生活似乎根本与他无缘。

露易斯·布尔乔亚（Louise Bourgeois）1911~

- 1911年12月24日生于巴黎
- 自1938年开始旅居美国纽约

主要作品

《父亲的毁灭》（1973年）　《单人牢房》（又名《眼睛与镜子》）（1989年）

《女人和手提箱》（1994年）

露易斯·布尔乔亚的作品深受其坎坷的童年经历的影响，充满了强烈的个人自传色彩。她可利用木头、石头以及橡胶等一系列媒材进行创作。1911年12月24日，露易斯·布尔乔亚出生于法国巴黎。她的父母专门给人修复挂毯，这极大地唤醒和激发了布尔乔亚对艺术的热爱。后来，她回忆道："父母的职业让我认识到艺术的乐趣和价值。"她的第一次艺术作业是在挂毯上重新画一只脚——这只脚原来是在挂毯底边最容易磨损的位置上。布尔乔亚上有一个姐姐，下有一个弟弟。据她自己说父亲最宠她，因为她最像父亲。这是一种很复杂的关系，然而"我的父亲经常让我觉得自己很渺小"，她这样说，"嘲笑有时是一种看上去冠冕堂皇的变相的残忍"。

然而，即使是负面影响也会起作用。父亲和英语家庭教师塞蒂有染，而塞蒂不过才比孩子们大几岁。这两人经常在家里鬼混，所以三个孩子不得不小心翼翼地在父亲、母亲以及父亲的情人之间维持某种微妙的平衡。布尔乔亚的母亲患上了肺气肿，为了她的身体起见，1922至1932这10年间，他们全家都会在法国南部过冬。而她们的家庭教师塞蒂也就很自然地陪伴左右。"父亲的不忠和我对于那个可恶的第三者的嫉妒促使我下决心成为一名艺术家。我知道生存的唯一途径

★这个了不起的女人,90岁时还在创作着令人兴奋不已的艺术品。但布尔乔亚经历了漫长的等待,才得到国际上对她艺术的认可。

便是要让别人离不开你。我的父亲需要我,我能让他高兴,而我也从来没有被拒绝过。但是这让我感到痛心。"

1932年,布尔乔亚的母亲去世了,她难过得无法控制,甚至跳河自尽,结果是父亲跳进河里将她救了上来,事后父亲还对此大加嘲讽。母亲的死是她一生的转折点:"她死了,我的内心非常

★《以盲导盲》,露易斯·布尔乔亚(1989年)
　　布尔乔亚在很多艺术领域中都颇有建树。她充分利用各种媒材进行创作。这件木质雕塑品与她的其他作品一样,影射了她不幸的童年和对父亲爱恨交织的情感。

矛盾。你越是担心被遗弃，便越害怕依赖别人，这简直让你不知所措。"

后来，布尔乔亚决定到巴黎索邦大学学习数学，她认为数学是一个安全而可靠的学科，但她的幻想很快就破灭了。她转而到美术学院学习艺术，并师从法国立体派画家费尔南·莱热。这一时期正赶上超现实主义大行其道，布尔乔亚结识了很多超现实主义艺术家，这对她的创作产生了深远的影响。但是布尔乔亚认为自己的作品跟他们有着本质的区别："我不认为自己是超现实主义艺术家，因为我从未在讨论我的作品时提到过'梦'这个字眼，而他们对此却一直谈论不休。我不做梦。你们或许觉得我生活在符咒之下，有些走火入魔了，然而我的确很看重这个符咒。"

1938年，布尔乔亚与美国艺术史学家罗伯特·高华德结婚。婚后，布尔乔亚坦承她对高华德一见钟情，因为他能够勇敢地反抗她的父亲。"首先，我是与一个知识分子结婚了。他只对思想理念感兴趣。这也就意味着他关心的是什么是事实，什么不是事实。"他们领养了儿子迈克，并定居美国。1951年，布尔乔亚成为美国公民，在纽约学习艺术，与艺术家马塞尔·杜尚、勒·柯布西耶、琼·米罗、安迪·沃霍尔相交甚欢。

布尔乔亚和她的丈夫不但在美国生了两个儿子，还逐步构筑了作为艺术家的职业生涯。二战期间，她在纽约艺术学生联盟进行创作。1945年，她首次举办个人画展。1949年，她在纽约橄榄石美术馆举办了她的首场雕塑作品展。尽管她那时已经小有名气，但她还是不得不靠教书所得来补贴家用。

直到20世纪70年代，艺术界才开始看好布尔乔亚的作品。她所鼎力支持的女权运动也在这一时期蓬勃发展，并为露易斯·布尔乔亚确立自己作为画家、版画家、雕塑家、装置艺术和行为艺术家的身份立下了大功。1973年，她的丈夫罗伯特·高华德去世了，这意味着布尔乔亚要将生活的重心转移。她积极投身于女权运动，参加艺术政治示威游行。尽管布尔乔亚从40年代起便举办了很多展览,但是直到1982年,她才在纽约现代艺术博物馆举办首场作品回顾展,将其晚年的艺术作品呈现于世人面前。

如今90岁高龄的布尔乔亚对自己的大器晚成显得很淡然。"我对成功看得很开,我从不苛求作品一定要成功。作品不受赏识时,我从不失望。因此,我从来没有自毁过任何一件作品。"

辛迪·舍曼 (Cindg Sherman)

1954年1月19日,舍曼生于美国新泽西州。她在纽约州立大学水牛城学院学习绘画与摄影,入学初期便形成了独特的自我表达方式。1979年她获得学士学位。

为了自己的艺术,她时常将自己打扮成不同类型的女人,跟媒体、电影电视上的类型化女性形象并无二致,然后再把这些形象用相机拍摄下来。这些照片并不是典型的自画像,因为舍曼并不是在扮演着自己。跟布尔乔亚一样,舍曼的作品经常被视为女性主义作品,因为她所拍摄的照片似乎是在挑战男人对于女人的传统看法。如今的她仍活跃在纽约艺坛。

克里斯托（Christo）1935~

- 1935年6月13日生于保加利亚的加布罗沃
- 1958年至1964年居于巴黎，后移民美国

主要作品

《包裹海岸——100万平方英尺》（小湾，澳大利亚）（1969年）

《峡谷瀑布》（来福峡谷，科罗拉多）（亦称《山谷幕》、《峡谷帘》）（1972年）

《奔跑的栅栏》（亦称《飞篱》、《绵延的栅栏》）（1976年）

★克里斯托是一个行为古怪但做事却极其投入的艺术家，他凭借其包裹艺术饮誉国际——他包裹的对象包括一般物体、高楼大厦和自然风景。

尽管克里斯托最初从事绘画，但20世纪60年代使他蜚声国际的却是他所开创的"包裹艺术"——即用帆布或半透明的塑料等材料围裹其他物体的艺术。

1935年6月13日，克里斯托生于保加利亚的加布罗沃，父亲是化学工程师，经营着一家纺织厂。1952至1956年间，克里斯托在保加利亚的索菲亚艺术学院学习。1958年，他在布拉格、维也纳和日内瓦暂住了一段时间后，动身前往巴黎。在巴黎，他靠画像为生。后来才逐渐有了"包裹"的灵感。他先从小物体（画室中的颜料罐）入手，然后再尝试树木、摩托车、建筑物等"庞然大物"，最后他将目标锁定在自然风景上。

★《被环绕的岛》,克里斯托(1983年)

在这件20世纪80年代的雄伟壮观的地景艺术作品中,克里斯托将岛屿外围数英里的地方全部包裹起来。

在巴黎,克里斯托与珍娜·克劳德结婚,夫妻二人携手进行创作。1960年,他们的儿子塞瑞尔出生。1961年,克里斯托在科隆的哈罗·劳胡斯画廊首次举办了个人展。1964年,克里斯托举家移民美国。

克里斯托和珍娜·克劳德合作包裹的地景艺术品之一便是《奔跑的栅栏》(1976年),这个巨型篱笆地处加利福尼亚,长达39公里。为了使"包裹"工程获得批准,他们夫妻二人颇费周折。克里斯托和珍娜·克劳德不接受赞助或捐赠,只靠出售小型作品来筹措资金。而且由于他们是在利用公共空间进行创作,游人可以免费参观。他们的工程往往造价昂贵。有时,克里斯托甚至需要聘请大量职业攀岩手和工程师等专家加盟。《奔跑的栅栏》总共耗资320万美元。

在克里斯托的作品中,场地勘探、画图样等前期准备工作是必不可少的。他还要对作品可能对环境造成的影响做出预测。他们的工程往往都旷日持久,拿柏林的德国国会大厦来说,整个包裹过程长达25年之久(1971~1995)。著名摄影家沃尔夫冈·沃尔兹用镜头记录了克里斯托创作期间的每一个里程碑。克里斯托和珍娜·克劳德事后总会将他们的装置拆除,不留一丝痕迹,只存照片为证。

克里斯托和珍娜·克劳德现在仍居住在那所他们1964年初到美国时的老房子中。

安迪·高兹沃斯（Andy Goldsworthy）1956~

- 1956年生于英格兰柴郡
- 现居于苏格兰邓弗里斯郡

主要作品

《平衡的岩石》（1978年）　《枫叶线条》（1987年）　《铅门迷宫》（1989年）

★安迪·高兹沃斯是一位能够化腐朽为神奇的艺术家，大自然以及天然媒材令他的艺术焕发出勃勃生机。

安迪·高兹沃斯是地景艺术家,他以自然为创作对象,在自然氛围中充分利用天然媒材,并尽量不改变其天然形状。他的大多数作品都不可保留,所以只能通过拍照加以保存。

1956年,安迪·高兹沃斯出生于英格兰的柴郡,在约克郡长大,曾就读于哈罗盖特高中和布拉德福德大学艺术学院。1978年,他获得普雷斯顿工艺学院美术专业学士学位。高兹沃斯主要生

★《圆锥形叶子》,安迪·高兹沃斯(1988年)
　该作品外形精致典雅,极富质感,令人不由得联想到树木繁茂的大森林。

活在约克郡,现住在童年曾生活过的苏格兰邓弗里斯郡。

学生时代的高兹沃斯多数时间都呆在校外的莫克姆和海舍姆的海滩上进行艺术创作。由于他总旷课,所以在学校里麻烦不断。但是,这一时期他的"大地艺术"理念已经日趋成熟。

英格兰北部成了他的大地艺术基地。1988年,他在达勒姆县创作了《巨型迷宫》和《莱姆顿》等地景艺术品。意大利(威尼斯双年展)、加拿大、北极、日本、法国、澳大利亚、荷兰等世界上许多地方也都留下了安迪·高兹沃斯的艺术足迹。他在法国、日本、荷兰以及英国都曾举办过个人展,并参加过在意大利、德国和美国举行的群展。利兹的亨利·摩尔雕塑艺术研究中心还为他举办过"大地圣手安迪·高兹沃斯雕塑1976~1990回顾展"。

在最近一次采访中,高兹沃斯表达了自己的艺术见解:"'风景'一词好比'画像';它所表达的是距离——我在这儿,它在那儿。但在过去的20多年中,艺术家们跨越了这种距离,而径直

大卫·纳什 (David Nash)

与安迪·高兹沃斯和理查德·隆一样,大卫·纳什也是英国大地艺术的关键人物。1945年,纳什出生于英国萨里郡艾舍。1963年至1967年,他就读于金斯顿艺术学院,后来他搬到位于北威尔士的布莱奈费斯蒂尼奥格,以远离充斥"无谓竞争"的城市生活。他的工作室曾经是一个小教堂,他在这里钻研各种自然物质的形状,并将其用于自己的作品当中。纳什对木材很是痴迷,他的大部分作品都是木质的。他从工作室附近的威尔士乡村找来树干或大树枝进行雕塑。

在其著名作品《桉树顶》中,纳什利用22棵桉树制成直径9米、高5米的巨大圆顶。1977年,他在政治经济不景气时亲手种下了一些树木,以表达他对未来的坚定信念,他衷心希望到21世纪小树长大时,世界能够更加美好。纳什还曾尝试把木头烧成理想的弯曲形状。1999年,纳什当选为皇家艺术学院院士。在其30年的艺术生涯中,他在世界各地举办了80多场个人作品展。

走到了作品中。他们说，不，作品不在那儿，在这儿。我们要让这些客观的东西为我们所用。所以，我们把这种艺术称作'大地艺术'，而不是'风景艺术'，逃避就意味着距离。"

1989年，高兹沃斯到北极创作冰墙，与他的其他作品一样，这无疑又是一次诠释自然的尝试。高兹沃斯的大部分作品都是昙花一现般的短暂，只能靠照片和作品草图得以再现。他在作品中所使用的树枝、树叶、冰雪、芦苇和荆棘都直接取材于自然，这更使其作品难以长存。当然，高兹沃斯也有一些"长命"的作品留存于世。

★《雪雕》，安迪·高兹沃斯（1980年~2000年）
并不是所有安迪·高兹沃斯的作品都会得到永存。这幅照片记录了当时他在北极用大块冰砖创作的地景艺术品。

安东尼·葛姆雷（Anthony Gormley）1950~

- 1950年生于伦敦，并久居于此

主要作品

《无题（为弗朗西斯）》（1986年）

《北方的天使》（1998年）

《量子云》（2000年）

★ 1994年，葛姆雷获得特纳奖，自此，他的人体雕塑赢得国际赞誉。

安东尼·葛姆雷是一位著名的雕塑家。雕塑时，他先把自己的身体做成石膏模型，再用铅进行浇铸。这个过程危险而艰难，但他想从中感悟出自己与身体的关系。

葛姆雷1950年生于伦敦。小时候他对艺术就很感兴趣，而且学习也不错。1968年至1971年，他在剑桥三一学院学习人类学、考古学和艺术史。毕业时，他决心不仅要研究艺术，而且要身体力行，当一名艺术家。此后，他到土耳其、叙利亚、阿富汗、巴基斯坦和印度等国旅行。1974年，葛姆雷返回英国，先后在伦敦中央圣·马丁艺术与设计学院和金·史密斯学院学习艺术，后来在1977年至1979年，他又在斯莱德艺术学院深造。

1981年，葛姆雷在伦敦白教堂美术馆举办首次个人作品展。他专门为展览创作了作品《床》，并把一片面包咬成人形充当床垫。同年，葛姆雷在妻子维肯·帕森斯的帮助下，开始尝试用自己的身体做模型，然后用铅浇铸成作品。他先用保鲜膜、棉麻织物和石膏将自己包裹起来，制成一个纤维玻璃模型，然后用铅或铁浇铸。1997年，他为德国科隆镇创作的雕塑《素昧平生》

就充分利用了这种技法。

　　葛姆雷的作品得到了国际上的认可。1984年,他代表英国参加威尼斯双年展。1989年,他的作品《土地》为他赢得广泛的赞誉。这件作品是在一个墨西哥制砖工人家烧制的35,000个微型陶俑的基础上扩展而成的。这标志着他利用自己的身体做模型的时代已经结束。

★《北方的天使》,安东尼·葛姆雷（1998年）
　　《北方的天使》是当时英国最高的雕塑,屹立于英国盖茨亥德附近的一座山顶上。该雕塑由三部分组成,高19.8米,两翼总长达51.5米,重约100吨。与葛姆雷的大部分作品一样,《北方的天使》也是公共雕塑。

葛姆雷的作品着重反映文化与自然、生老病死等人类共同关心的主题。1994年,他的作品《必要的手势》获得特纳奖之后,葛姆雷更加令人瞩目。1998年,他完成了《北方的天使》的创作,该作品气势恢弘,并一度成为英国最高的雕塑。《北方的天使》屹立于英国盖茨亥德附近的一座山顶上,三个组成部分由耐候钢铸成,高19.8米,两翼总长达51.5米,重约100吨。葛姆雷现在仍工作生活在伦敦。

芭芭拉·赫普沃斯（Barbara Hepworth）1903~1975

- 1903年1月10日生于英国约克郡威克菲尔德
- 1975年5月20日葬身于肯尔沃画室的大火之中

主要作品

《相关的三种形式》（1934年）　《弯曲形式》（1956年）

《中空形式与内在形式》（1968年）

　　芭芭拉·赫普沃斯是英国最伟大的现代艺术家之一。她从天然木材和石材中汲取灵感，后又利用青铜创造出抽象雕塑品。1903年1月10日，赫普沃斯出生于约克郡的威克菲尔德，她是家中的长女。她的父亲是约克郡西区的一名土木工程师。她与父亲很亲近，并深受父亲的影响，对科技绘画非常精通。由于她很有数学天赋，所以能够很好地理解父亲的图纸。7岁那年，在威克菲尔德的女校长介绍埃及的幻灯片课上，她突然迷上了雕塑，并立志成为一名雕塑家。

　　父母不允许她把泥巴带到楼上去，所以她只好在黑暗的地下室中进行艺术尝试。有时，父亲会带着她在奔宁山兜风，她总会沉浸在那片静谧的风景之中，但当时她仍不忘将雕塑和风光联系在一起。她写道："在描写这片风景时，我无法不写到置身于风景中的那些人、那些灵魂。"

　　1920年，她来到利兹艺术学院学习雕塑。本是两年的课程，结果她只用了一年半就学完了。在那里，她结识了亨利·摩尔，据她说，他们之间隐约有些"暧昧"。在此期间，他们二人所培养出的互惠互利的友谊对各自的发展意义重大。在他们艺术实践的关键时期，很难判断到底是谁先行有了灵感。

★这是芭芭拉·赫普沃斯晚年在画室的照片。后来该画室起火,她死于其中。图片中的赫普沃斯手扶着自己的雕塑作品——作品的灵感来自于科尼什当地的风光。

1921年,她获得了奖学金,到皇家艺术学院学习。1924年,她入围罗马美术界最高奖项。但最后获得大奖的是约翰·斯基平——后来两人结为伉俪。她从约克郡西区获得资助,在意大利游历了一年的时间。赫普沃斯和斯基平在意大利佛罗伦萨旧宫举行婚礼后,二人一同前往历史名城锡耶纳和罗马。在罗马,她开始潜心学习雕刻。

赫普沃斯和斯基平于1926年10月重返伦敦。转年,他们在圣·琼斯伍德画廊联合举办展览。1929年,他们的儿子保罗出生。1931年,他们两人分道扬镳。同年,在旅途中,赫普沃斯偶遇了艺术家本·尼克尔森,两人坠入爱河。尼克尔森最终成为她的下一任丈夫。

★《海》,芭芭拉·赫普沃斯(1946年)
该作品的曲线部分泛着淡蓝色,很像浪花,其创作灵感来源于肯尔沃的大西洋岸边翻腾的浪花。

1931年,赫普沃斯前往伦敦汉普斯特德,搬去与尼克尔森同住。1934年10月,她喜得三胞胎:西蒙、瑞秋和撒拉。1936年11月17日,赫普沃斯和本·尼克尔森结为伉俪。尼克尔森将赫普沃斯引见给毕加索和让·阿尔普,他们经常在一起各抒己见,擦出很多智慧的火花。二战前,他们夫妻二人与保罗·纳什等艺术家在伦敦合住一幢房子。俄罗斯艺术家盖博对赫普沃斯日后的发展起到了至关重要的影响。盖博让她大开眼界,并教她如何在雕塑中利用线绳来表现动感。

尽管赫普沃斯并非总是思如泉涌,她却很擅长从别人那里获得启发,从而形成自己独特的想法,并使其具有自己的风格。她是第一个在作品中利用孔洞的艺术家。这是一次巨大的艺术突破。她回忆说:"在石头上打孔以形成抽象的形式和空间,让我感到莫大的快乐。"她孜孜不倦地探索着如何实现从具象美到抽象美的转化。1934年,她的努力终于开花结果了。《相关的三种形式》中所表现出的纯粹与流动的线条向世人表明,她很快地适应了非具象艺术形式(抽象艺术),并已将其认定为自己最自然的表达方式。

第二次世界大战中,赫普沃斯、尼克尔森及他们的三胞胎蜗居在肯尔沃的一间小农舍中。在这里,他们过着艰难而拮据的生活。他们苦苦寻找着创作空间,功夫不负有心人,他们夫妇二人的艺术生涯终于结出累累硕果。1949年,尼克尔森抛下赫普沃斯,投向另一个女人的怀抱,他的离去给赫普沃斯留下了无限怅惘与思念,直至她生命的最后一刻。1951年,他们离婚。

赫普沃斯的余生都是在肯尔沃度过的,她将心血全部倾注在创作上,圣艾夫斯和潘维斯半岛的风光给她以无限灵感。《海》和《浪》两件作品充分表明了她对大西洋潮涨潮落的痴迷。大海成为她作品中一个经久不衰的主题。

尽管赫普沃斯在国内外举办过多次展览,接受了大量公众捐助,获得了许多学术荣誉,但她对同学亨利·摩尔仍然耿耿于怀——在1950年威尼斯双年展上,摩尔被尊称为老师,而赫普沃斯却被贬为"小学生"。近年来,这种情况有了极大的转变。她的作品充分证明了她的确是一位才华横溢、创意迭出的艺术家。

1964年,赫普沃斯被诊断出癌症。1965年,她被伊丽莎白女王封为女爵士,她的艺术地位正式得到认可。晚年,她的身体每况愈下,最后只能依靠轮椅代步。尽管如此,她仍然坚持创作。1975年5月20日,她葬身于画室的火海之中,享年72岁。

瑞贝卡·霍恩（Rebecca Horn）1944~

- 1944年3月24日生于德国米歇尔斯塔特
- 居于德国汉堡和柏林

主要作品

《啄木鸟的芭蕾舞》（1986年）

《奥兰多》（1988年）

《无政府主义的音乐会》（1990年）

★20世纪70年代瑞贝卡·霍恩的行为艺术作品以及她90年代的艺术电影让人们见识了她浑身所散发出的戏剧性之美。

瑞贝卡·霍恩利用大量媒材进行艺术创作，从雕塑、活动装置、行为艺术到电影，她都有所建树。早年，她就在不同的学科领域中自由游走。

1944年3月24日，就在二战即将接近尾声时，霍恩降生。时至今日，她还清晰地记得，历史课是如何渲染德国战后的成就的。二战刚刚结束时，最有趣的事就是在学校上历史课。教科书对1932年以后发生在德国的事情只字不提，仿佛这段岁月根本就不曾存在过。

从1964年到1970年，她就读于汉堡高等艺术学院。20世纪60年代以来，在雕塑过程中，她因过量吸入多元酯和玻璃棉等媒材所释放出的有毒粉尘而身患疾病。她说："没有人告诉我们这有毒啊！我在疗养院呆了近一年，之后又病了好长一段时间，那简直就是场噩梦，我常常想从窗户跳下去算了。那段时间,我的父母相继去世,我觉得自己无依无靠,完全与世隔绝了。或许我得积极地去面对,才能绝处逢生吧!"

尽管她不愿重提这段痛苦的往事,她却不得不承认这是一个转折点。"我开始在内心构筑一个梦幻般的世界,以此逃避让我忍无可忍的现实生活。我的内心有一股狂放不羁的冲动,我的想像力和奇思怪想在恣意地驰骋着。"

这一时期,她开始大量使用布、毛发和羽毛等柔软的媒材进行创作,这些媒材无疑是她对住

★《啄木鸟的芭蕾舞》,瑞贝卡·霍恩(1986年)
这个令人毛骨悚然的装置艺术品充分利用了多面镜子与连续敲打镜子时所发出的声音,神奇地模仿了啄木鸟的叫声。作品笼罩着一种沉郁的空虚感,折射了她年轻时久居疗养院的心境。

院时那些绷带和人体器官模型的纪念。她将这些（肢体的延伸物）戏称为"自我保护的蚕茧"。尽管这个想象的世界是在她生病时才构筑起来的，但其实这个世界早在她孩提时代便已初现端倪。"小时候我的父母总担心，不知我接下来又会有什么鬼主意。"她说。

1971年前，瑞贝卡·霍恩一直生活在汉堡。她一边从事创作，一边将自己带入行为艺术之中。1971年，她开始了第一场公共行为艺术表演。当时，她正好在伦敦，已受邀参加在德国卡塞尔举行的文献展。直到1937年，生活在西柏林的她才得以在热内·布洛克画廊举办首场个人作品展。后来，她出品了第一部电影《柏林演习：水下梦境》，该片于1975年获奖。

如今的瑞贝卡·霍恩已是饮誉国际的艺术家，在欧洲各地举办了艺术展。但是，她仍然生活在德国，并在柏林的艺术学院教书。

伊夫·克莱因 (Yves Klein) 1928~1962

- 1928年4月28日生于法国尼斯
- 1962年6月6日死于心肌梗塞

主要作品

《蓝》（1960年）　《跃入空无》（1960年）　《人体测量学——火》（1961年）

伊夫·克莱因认为，艺术不仅是一件艺术品而已，更是艺术家人格的体现。他的这种艺术理念在某种程度上改变了艺术界演进的路线。1928年4月28日，他生于法国尼斯，父母都是很桀骜不驯的艺术家，他们完全沉醉在自我的世界中，根本无法为儿子提供一个安乐窝，因此家里家外都由一直膝下无子的姑妈照料。姑妈虽然生活稳定，受人尊重，但占有欲极强，令人感到压抑。夹在漫不经心的父母和尖酸刻薄的姑妈之间，幼小而敏感的克莱因感到困惑茫然。因此，逃学旷课对他来说也成了家常便饭，学习吃力就更不足为奇了。1946年，18岁的他没能通过毕业汇考（这是跟英国普通中等教育文凭考试一样重要的法语考试），这成为他一生都无法弥补的缺憾。

离开学校后，他在姑妈的电器行里卖书（电器行的副业）。他急于摆脱这种日复一日的单调生活，于是在19岁时参加了尼斯警校的柔道学习班。在这里，他结交了挚友阿尔芒·费尔南德斯，日后，他们双双成为艺术家。

克莱因在德国服过兵役，后来前往英格兰学习英语。20世纪50年代，他开始考虑投身艺术，成为一名艺术家（以前他一直很排斥这一职业，因为他不愿再走父母的老路）。1951年，他移居西班牙，以教柔道为生。转年，在姑妈的资助下，他来到了当时世界上最好的日本东京柔道讲道馆。在这里,他刻苦训练,最终获得了柔道黑带——这比当时法国其他的柔道高手都出色。但与此同时,他开始在日本服用苯丙胺等兴奋剂以提高柔道水平。

1955 年,克莱因返回巴黎,决心在柔道界大展拳脚,但是法国柔道联盟却将其拒之门外。即便是在他出版《柔道基础》一书之后,也没有向他抛出橄榄枝。他们拒不承认他在日本获得的资

★克莱因所创造的怪诞的艺术形式与他狂放不羁、难以捉摸的个性有关。

格,这件事令他大失所望。后来,他决定去西班牙另谋出路。在那里,他开始尝试单色画,迈出了通向艺术之路的第一步。他还故意给每一幅单色画做了仿古处理,以便它们看上去像是出自经验老道的画家之手。

1955年,克莱因将一幅橙色的单色画送给"新现实沙龙",却惨遭拒绝。但他并没有气馁,转

★《跃入空无》,伊夫·克莱因(1960年)
这是用照相机捕捉的场景,记录了克莱因在艺术展上的纵身一跳。

而投入到小型个人单色画展的筹备中。他的作品深受知名艺术评论家皮埃尔·雷斯塔尼的追捧。他答应为克莱因将在1956年举办的下一次画展撰写前言。这对于克莱因而言是一次重大的突破。从此以后,他开始对单色画情有独钟,而蓝色则成为克莱因作品的招牌主打。在1956年的画展中,他的油画、雕塑及其他形式的作品均有蓝色的阴影。后来,他为这种蓝色申请了专利,命名为"国际克莱因蓝(IKB)"。

1956年,克莱因结识了年轻的艺术经纪人艾里斯·克拉特。想在先锋实验艺术领域中有番作为的她一眼便相中了克莱因。1958年,克莱因与克拉特联手打造的展览颇受欢迎——那甚至是最成功的一次。正如其名"虚无"一样,画廊入口处点缀着"国际克莱因蓝(IKB)",两侧站立着身着制服的共和国卫兵。近3,000多名迫不及待的观众在受到一番热烈的欢迎后发现自己已置身于纯朴、虚无缥缈的白色世界之中。克莱因还为那些等候在画廊外的观众准备了蓝色的饮料,并在饮料中放入了蓝色生物着色剂——这使得所有饮用者一周内排出的尿液都是蓝色的。如克莱因和克拉特所愿,这次展览大获全胜,掀起了一股先锋实验艺术狂潮。

1958年6月5日,克莱因开始了他的第一次名为《活生生的画笔》的行为艺术尝试。他指挥一位浑身涂满蓝色染料的模特在地板上的画布上来回滚动,创作出一副单色画。1960年2月,他开始《人体测量学》的创作,模特们身体所及之处便成为一件艺术品。

1960年10月27日,克莱因成为评论家雷斯塔尼所召集的艺术家团体的中心人物。这一团体被称为"新现实主义者",该团体以弥合艺术与现实生活之鸿沟为己任,透过大众媒体来应对现实,主张在作品中大量应用现实物体(如撕坏的广告海报等),在观众面前表演行为艺术。

这时的克莱因已经受到广泛的关注。他以饱满的热情,一如继往地迎接着新的挑战。但不幸的是,其中也伴随着危险的情绪波动。名声日盛的他越发难以应付扑面而来的荣誉与关注。同时,由于长期服用安非他命等兴奋剂,他经常失眠。

1961年初,克莱因在纽约利奥·卡斯蒂里画廊遭遇了滑铁卢。这次展览招致纽约主流艺术家和评论家的一片骂声。这使得回到巴黎后的克莱因时常寻死觅活。1961年底,克莱因的女友罗特劳特怀孕了,他们二人在1962年1月21日举行了婚礼。克莱因孱弱的身体——精神与肉体——一日不如一日。1962年6月6日,他在法国南部的戛纳死于心肌梗塞,享年34岁。

理查德·隆（Richard Long）1945~

- 1945年6月2日生于英国布里斯托尔市
- 往来于世界各大城市之间，定居于布里斯托尔市

主要作品

《走出的线》（1967年）　《石板圆圈》（1979年）

《在日本走出的线》（1979年）

★隆在20世纪60年代开始成名，他在散步的过程中进行大地艺术创作。该图是他站在利用天然媒材创作的作品前——该作品专门为艺术展览而作。

理查德·隆是英国大地艺术的领军人物。从20世纪60年代末，他便大胆尝试脱离美术馆艺术展的束缚。1945年6月2日，他出生于英国布里斯托尔市。在记忆中，儿时的他喜欢散步和户外生活。在布里斯托尔市郊乡村的每一次散步，无不唤醒了他的想像力。后来他坦言，他主要通过回归自然、漫步其中来感知自己的存在。

1962年至1965年，隆在西英格兰大学求学。此间，他开始尝试创作大地艺术处女作——这些作品全都取材于天然质朴的自然物。

1966年，隆前往伦敦圣·马丁艺术学院学习雕塑。当时这所学院因安东尼·卡罗和菲利普·金等著名教师开创的"新雕塑"而闻名于世。"新雕塑"主要是在焊接金属上进行创作。然而，隆已经找到了自己的艺术方向，并很快与圣·马丁艺术学院名噪一时的"新雕塑"分道扬镳。他大胆利用水和沙等质朴的媒材在地板和学院的平屋顶上进行创作。他还逐渐将散步演变为一种艺术形式。1967年，他把一个用木棍做成的圆圈从田野里转移到了圣·马丁艺术学院的教室中。

1968年隆离开圣·马丁艺术学院后,很快便小有名气。同年,他在杜塞尔多夫的康拉德·菲舍画廊举办了首次个人作品展。此前,他主要在室内外开阔的地上进行创作,但此次他决定在画廊这个全新的环境下试试身手。他说:"我的艺术就是要在广阔的世界里进行,在地球表面的任何

★《石线》,理查德·隆（1978年）
　　隆所使用的媒材都是在行走中收集起来的,作品中的这些石头来自于约克郡的奔宁山。根据预先构思的草图和图形,隆精心将它们摆放在一起。

地方……我的室外雕塑和慢步行走的地点不归任何人所有。我喜欢这种感觉——户外的大山和大路都是司空见惯的公共土地。"

  杜塞尔多夫展览一年后,隆受邀到纽约、巴黎、米兰等地举办艺术展。1969年,他参加了瑞士伯恩美术馆举办的著名的"态度化为形式"展览。在展览取得成功后,隆行走于各城市之间,进行环境创作,并用地图、照片和文章记录自己行走的过程。1989年,隆获得伦敦特纳奖。尽管不停地奔走于世界各地,他现在仍居于布里斯托尔市——他的家乡。

亨利·摩尔 (Henry Moore) 1898~1986

- 1898年7月30日生于英国约克郡的卡萨福德
- 1986年8月31日于赫特福德郡逝世

主要作品

《斜倚的人体》（1929年）　《家庭》（1948年）　《弓》（1956年）

　　亨利·摩尔是20世纪最受瞩目的英国雕塑家。他是最早主张在室外进行创作，在艺术品与周遭风景间建立直接联系的艺术家之一。他颇受自然的启迪，从这个意义上说，他是最早的地景艺术家，整个地球都是他的工作室。

　　1898年7月30日，亨利·摩尔生于约克郡卡萨福德，在八个孩子中排行第七。他的父亲是一位煤矿业主，非常重视教育，对少年天才的儿子支持有加。摩尔回忆自己的童年时，幸福之情总是溢于言表。

　　从1914年起，很多有造诣的教师被迫加入第一次世界大战。1915年，摩尔成为一名实习教师；1916年，他来到儿时就读的小学教书，17岁时参军。他的军旅生活还算轻松，所以在他的印象中，军营就像一个大家庭。他利用在伦敦的时间，参观了大英博物馆和国家美术馆。1917年，他被派往法国作战，在那里，他开始酗酒，接着在医院呆了三个月进行康复治疗。出院后，他开始担任身体训练指导员，直到1919年2月退役。

　　退役后，他在原来任职的那所小学教了一段时间的书。1919年9月，摩尔决定从事艺术，便到利兹艺术学院深造。他的才华很快得到了赏识，并获得了伦敦皇家艺术学院的奖学金。他回忆起当年去伦敦学习的兴奋时说:"我十分兴奋,感觉像做梦一样,当我坐在汽车上层的时候,我感觉这辆汽车飘摇在空中——我仿佛是在天堂中旅行。"

摩尔对伦敦古老的艺术情有独钟。1925年,他获得皇家艺术学院奖学金到意大利作访问学者。在此期间,他又深受意大利艺术的熏陶。从意大利归来后,他便在皇家艺术学院雕塑系做助教。1926年,风华正茂的摩尔举办了首场个人展。他还在官方赞助下,在圣·詹姆斯公园站为伦敦地铁公司总部创作了一件雕塑作品。

1929年,摩尔与美丽的俄罗斯姑娘埃芮娜·瑞德斯基结为伉俪。他们在肯特买了个农家小院,每逢学院放假,摩尔就到那里搞创作,那时的他正全力以赴准备自己的第二场个人展。这次展

★这张照片拍摄于摩尔晚年,图片中的他置身于自己的作品当中。此时的摩尔已经成为举世闻名的雕塑家。

★《家庭》，亨利·摩尔（1946年）

　　1946年，摩尔创作了该雕塑作品，以纪念女儿的降生。这时，摩尔更加专注于人体雕塑。像这种以家庭为题材的青铜雕塑作品也绝不鲜见。在经历了苦不堪言的二战后，这些作品恰当地表达了艺术家对未来的期待与憧憬。

览得到了著名雕塑家雅各布·埃伯斯坦的鼎力相助,他在展览序言中这样写道:"摩尔对未来的雕塑艺术意义重大。"尽管如此,人们对这次展览还是毁誉参半。鉴于当时摩尔颇受争议,保守的皇家艺术学院决定不再与摩尔续约,但是远见卓识的切尔西艺术学院则向他抛出了橄榄枝,摩尔便在那里开始执教。

在1934年以后的几年中,摩尔一家搬到了肯特的另一个农家小院中。新家虽然地方不大,但却附带有5英亩田地。正是这块地给了摩尔在空旷地面上展现个人作品的大好机会,这对他日后的事业大有帮助。然而,最终他们一家人还是决定搬回伦敦,重归艺术世界。他们住在汉普斯泰德,摩尔成为包括画家本·尼古拉斯和雕塑家芭芭拉·赫普沃斯在内的艺术家团体的一员。这两位艺术家都是摩尔在利兹艺术学院结识的。他们在一起不仅结下了一段非同寻常的友谊,而且彼此还不停地交流艺术见解。

切尔西艺术学院在二战中解散了。摩尔申请在切尔西工业学院学习军需品制造。在此期间,他开始关注空袭中躲在伦敦防空洞中的难民,并以此为题材,创作了大量素描精品。这些作品充满了人文主义关怀,展现了摩尔温情的一面——这在其雕塑中并无太多流露。摩尔受"战时官方艺术家指导委员会"的委托与资助,创作了《防空洞素描》,以艺术形式再现了伦敦人民在紧急状态下坚韧不拔的精神,该作品于1940年在公共画展上展出。

摩尔在汉普斯泰德的房子在空袭中遭到了严重破坏,所以他决定搬到赫特福德郡的小村庄,并定居于此。二战后,他在自家花园里开辟了一个实验铸造厂。在这间铸造厂里,很多人有机会前来助他一臂之力。但是这件事也让人对摩尔颇有微词——在他们看来,艺术家应该独立完成作品。

在铸造厂里,他受委托为北安普敦的圣·马太教堂雕塑了著名的《圣母子》。摩尔从他第一个女儿的降生中汲取了很多灵感,恰到好处地捕捉到了母亲和孩子的形态。

摩尔在艺术上一帆风顺,并逐渐得到了国际上的认可。1946年,纽约现代艺术博物馆为他举办了一次成功的个人作品回顾展。两年后,摩尔代表英国出席了威尼斯双年展,并获得一项重要的雕塑大奖。

在接下来的40年间,摩尔真可谓宝刀不老,他接连获得了"功绩勋章"等一系列荣誉。战后,摩尔脱离抽象艺术,以响应战后英国狂热的人本主义情结。他大规模地利用青铜、石材、大理石和石膏等媒材,着力歌颂生生不息的顽强生命力,创作了一系列家庭雕塑组群,而室外的天地也为他提供了广阔的创作空间。

大卫·史密斯 (David Smith) 1906~1965

- 1906年3月9日生于美国印第安纳州迪凯特
- 1965年5月23日在纽约州阿尔伯尼的一场车祸中不幸身亡

主要作品

《焊工的家》（1945年）　《无题》（1964年）　《库比 XIX》（1964年）

　　大卫·史密斯是20世纪最富原创力和国际影响力的美国雕塑家之一。他1906年3月9日生于印第安纳州的迪凯特，父亲是个不得志的发明家，在当地经营着一家电话公司；母亲是一名教师和虔诚的宗教信徒，为人说一不二。大卫很有冒险精神，特立独行，每当对自家生活感到厌倦时，就偷偷跑到奶奶家玩。奶奶给她看的《圣经》上的那些插图，激发了他成为艺术家的理想。3岁时，有一次，母亲为了不让他离家出走，居然把他绑在树上。被"软禁"的时候，他用身边的泥巴做成了一只大狮子，这是他的第一件艺术品。

　　1921年，史密斯刚好15岁，他们举家迁往俄亥俄州的保尔丁县。上高中时，他学习了两年的机械制图，后来又在克里夫兰艺术学校学习艺术函授课程。1924年，他在俄亥俄州大学度过了失意的一年，转年夏天，他到位于南本德的斯图贝克汽车厂实习。在汽车厂的这段经历让他掌握了一些有关工具和仪器的基础知识，为他以后的事业打下了坚实的基础。也就是在这期间，史密斯第一次与工人们广泛接触，他对工人们的悲惨境遇深表同情，并很快与他们打成一片。"我了解工人和他们的想法，"他日后回忆说，"因为在上大学期间，我曾在斯图贝克的生产线上工作过。"接下来的几年，史密斯到处奔波。离开工厂后，他到印第安纳州的圣母大学读书，但两周后就辗转到了华盛顿。1926年,他在一家银行任职,后来公司将他调往纽约。在纽约,他邂逅了日后成为他妻子的桃乐茜·德内。在她的建议下,史密斯报考了艺术学生联盟。在学校朋友的推荐下,他们在乔治湖畔的避暑胜地购置了一处房产,二人于1927年的平安夜举行了婚礼。

史密斯学的是绘画,但他的导师却是一名雕塑家,导师鼓励史密斯进行雕塑创作。1930年前后,史密斯以金属焊接方式成功地复制出毕加索和朱利奥·冈萨雷斯的作品。1932年,他购买了一台焊接设备,但在布鲁克林的公寓里用它干活时总会不时地引燃窗帘。妻子建议他在附近的铁厂申请一间工作室。经磋商,双方达成一致。在铁厂工作期间,史密斯和负责人及其朋友建立了友谊。日后,史密斯回忆道:"这是附近小区的一个社交场所。我从所有来客的身上能学到各种焊接技法,而且他们还会给我一些边角余料。"此间,史密斯开始对左翼政治产生浓厚兴趣,并得到好友艺术家约翰·格雷汉姆的大力支持。格雷汉姆还邀请史密斯夫妇共同游历欧洲。在动身前往希腊和苏联前,格雷汉姆还极力将他们夫妇引见给巴黎艺术家。

回到美国后,史密斯夏天到波顿避暑,冬季回纽约过冬,并继续为"新政"艺术项目创作。这一时期,他热衷于抽象艺术,以此表达他的政治及社会理想。1940年前后,他宣称:"绝大多数抽象艺术家都是有社会良知和反法西斯的。"尽管史密斯名声日隆,他仍然不屑从中捞钱。1940年,他离开纽约,到格兰瀑布区作机械师。随后又到美国机车公司作焊接工。"我想我得找份活儿干,所以我来到公司的招聘部,当上了焊接工,并且值夜班。我还成立了自己的工作室,名为'终端铁厂',因为我所从事的这项特殊的雕塑工作,需要的是一间工厂而不是一间画室。但我到美国机车公司后发现,繁重的体力劳动使我根本无法进行创作。"

二战后,史密斯返回波顿,在那里,他们夫妻二人亲手建造了一幢房子。然而不幸的是,他们的婚姻却开始出现了裂痕。史密斯开始酗酒,每每喝醉时,就乱发脾气。1950年,妻子提出离婚,并控告他有家庭暴力。此后,史密斯一直在俄国挽救即将破裂的婚姻,并不时为成名而挣扎奋

★通过雕塑,史密斯将立体主义和超现实主义与美国工业技术文明有机地结合在一起。

★《小车》(Ⅱ)，大卫·史密斯（1964年）
　　早年在斯图贝克汽车厂工作的经历让史密斯受益匪浅，他学会了使用很多工具和设备，为日后创作《小车》(Ⅱ)这样伟大的铁制艺术品打下了坚实的基础。

斗。但是,他对自己作品的艺术价值始终深信不疑。即使在人生最失意时,他仍这样写到:"我相信我所处的这个时代是最重要的,我们这一时代的艺术是最主要的。"

1953年4月6日,年近50的史密斯再婚。1954年和1955年,他的第二任妻子让·弗里斯为他生下两位千金。但在1958年,这段婚姻也解体了,盛名之下的史密斯再次成为孤家寡人,他越发忧郁伤感。1957年,纽约现代艺术博物馆为他举办了回顾展。1962年,意大利政府邀他到热那亚附近的热日亚港生活一个月,并将一家废弃的工厂和几个工人分派给他调遣,30天内他创作了27个巨型雕塑,赢得了不少国际赞誉。

尽管晚年的史密斯功成名就,但他选择了远离尘嚣,唯留酒精做伴。1965年5月23日深夜,59岁的他在贝林顿驾驶着一辆皮卡遭遇车祸,不幸身亡。

瑞秋·怀特理德（Rachel Whiteread）1963~

- 1963年4月20日生于英国伦敦
- 大部分时间居于伦敦

主要作品

《无题（空气床）》（1992年）　《无题（地板／屋顶）》（1993年）

《无题（地板）》（1994年~1995年）

瑞秋·怀特理德凭借位于伦敦东面波尔的临时公共雕塑作品《房子》而一举成名。1963年4月20日，她生于伦敦，是家中的小女儿；她的双胞胎姐姐凯伦和丽娜长她两岁。怀特理德的父亲是前伦敦东北工艺学院的地理教师。在她毕业前夕，父亲便去世了。母亲派特·怀特理德是一名女权主义混合媒体艺术家，一生致力于女权主义运动，对怀特理德产生了很大影响。

妈妈画画时，小怀特理德就负责在一旁给她削铅笔。怀特理德回忆说："毫无疑问，她是个好母亲，但跟其他女人一样，她也必须家里家外一起忙。工作让她欢喜，也让她忧。她一心一意想成为艺术家，不顺心时，只能拿孩子和丈夫出气。我的父亲很支持她，但有时也会不耐烦，他们的身体都不太好。"

怀特理德的父母是截然不同的两种人。父亲现实稳健，母亲则反复无常。"我继承了母亲的创造力和顽强进取的精神——或许还有些固执；同时又继承了父亲冷静的头脑。"

为了让孩子们多接触自然，怀特理德的父母一直住在埃塞克斯。"现在想来，父母真是用心良苦，不过，埃塞克斯很闭塞，有点委屈母亲。从小时候起，母亲就带我们去参观各种博物馆、美术馆,参观现代艺术展。"

怀特理德 7 岁时,全家决定搬回伦敦北部的莫斯维尔山,以便能够让孩子们接受全面的教育。

或许出于对父母的逆反情绪,怀特理德一直不愿意从事艺术工作,她似乎对理科更感兴趣。

"我母亲办展览时,虽然我还懵懵懂懂,但我真心为她感到骄傲。我不知道那些人都是谁,但我觉

★1993 年,怀特理德获得特纳奖,她是获此殊荣的第一位女艺术家。同时,怀特理德认为是幸运女神的眷顾使她年轻有为。

★《房子》,瑞秋·怀特理德（1993年~1994年）

怀特理德将一座完整的维多利亚式的房子的内部用混凝土加以呈现。尽管现已被拆除,但这件作品曾经名噪一时,并曾是伦敦东区地标性的景观。

得他们简直就像大吵大嚷的醉鬼。"

怀特理德14岁那年,她的母亲正在为题为"女人眼中的男人"的画展挑选作品。这是一场别出心裁而颇有影响力的女权主义画展,堪称20世纪70年代的一大盛事,"要是没有我母亲那一代的艺术家及其成就,就没有今天的我。事物总要向前发展。我想,母亲大概察觉到了女性主义艺术中的火药味,所以她的看法有些改变,但她的确是个好榜样。"

怀特理德在学业上小有成绩,便决定到艺术学校学习一门基础课。她的A类艺术课成绩都是B。1989年,她从艺术学校毕业,同年,她父亲死于心脏病。

父亲死后两个月,怀特理德举办了第一次作品展。当时,她对外界漠不关心,一直在思索着有关死亡的主题。怀特理德早期的作品有着浓厚的自传色彩。例如在作品《衣橱》中,她在衣橱里铺满了黑毛毡,以此纪念二战后她的童年时期那种被称为"实用家俱"的流行家俱。

怀特理德善于构筑空间,给曾经不为人所见的物体赋予一种坚实感。在艺术上,怀特理德深受美国艺术家布鲁斯·诺曼和装置艺术家罗伯特·戈贝尔的影响。她在英国这个大环境中,努力钻研着浇铸法。当她用石膏浇铸时,水槽、浴盆和床垫等物品看上去富丽堂皇,十分经典,简直就像古墓或石棺。1993年,人们为要不要拆毁她的作品《房子》而争论不休,但最后还是决定把它拆除,这令很多人怅然若失。"尽管看着《房子》被拆,我很难过,但是它所引起的关注又让我很自豪,我觉得能让人们意识到现代艺术品的力量,它就已经完成了自己的使命。"

怀特理德有着强烈的社会主义情怀,并将之反映在作品中。"我大部分时间都生活在伦敦;在撒切尔时代,我看到的是衰败,无助的人们随处可见,这一切让我难过,然而我却无能为力。"

尽管怀特理德坚称自己并非不切实际的极端主义艺术家,但她的作品《房子》却与她的说法自相矛盾。她将伦敦比作自己的写生本。1993年,她获得特纳奖,成为获此殊荣的第一位女艺术家。瑞秋·怀特理德,一颗璀璨夺目的明星正在英国艺术舞台上冉冉升起。

B卷·波普艺术家

［英］保罗·梅森 著
简悦 译

什么是波普艺术？

20世纪五六十年代，波普艺术横空出世。大众文化或流行文化中广为人知的形象，都为波普艺术所用。从某种意义上说，波普艺术是很难定义的。波普艺术家采用多种不同的技法，并在不断地进行新的探索与尝试。当波普艺术刚刚出现时，很多人甚至怀疑这是否能够被称为艺术。

★《邮递员》，旧金山电报山顶柯伊塔上的壁画（1934年）

经济大萧条期间，很多艺术家通过"艺术品管理方案"得到美国政府的财政资助。这幅壁画就是政府资助的产物，反映了20世纪30年代美国加利福尼亚州的生活。

波普前的 20 世纪

为了更好地理解波普艺术家的艺术追求,我们需要从他们所处的时代入手。罗伯特·劳申伯格、理查德·汉密尔顿、罗伊·利奇滕斯坦等波普艺术大师均出生于20世纪20年代。这期间的人们,尤其是美国人,对未来信心十足。20世纪20年代正逢美国的"爵士"时代,股市空前繁荣,就连普通百姓也有更多闲钱来享乐人生,倾听时代的音律——爵士乐。

20世纪20年代末出现了许多社会动荡因素。1929年,美国股市崩溃,股票价格一泻千里,大

★ 《玛丽莲·梦露》,詹姆士·罗森奎斯特(1974年)

很多波普艺术家都垂青名人。即使画中的人物被割裂,明眼人也一看便知画中人是女星梦露。

大小小的投资者在一夜间倾家荡产。整个工业世界笼罩在恐慌之中。继美国之后,全球股价开始暴跌。"经济大萧条"就此拉开序幕,并一直持续到30年代中期。大萧条开始时,罗伊·利奇滕斯坦6岁,理查德·汉密尔顿7岁,安迪·沃霍尔不过是刚出生不久的襁褓婴儿。

随着这些艺术家的长大成人,世界也在经历着一场比工业革命更令人难以置信的巨变。1939年,二战爆发,1941年,美国参战。战时,英国物资紧缺,生活必需品实行定量供应。美国的情况稍好,但也不容乐观。

波普艺术与新产品

1945年,二战结束,早期波普艺术家们风华正茂。50年代,世界经济迅猛发展,爵士时代的繁荣得以重现,人们的腰包重新鼓起来,购买力再一次增强。随着工业的发展,新产品层出不穷,让人们趋之若鹜:洗衣机、洗衣粉、新食品、饮料、服装、吸尘器……,简直令人目不暇接。

新产品大量涌入市场,为了在竞争中取得一席之地,生产商们想尽一切办法吸引顾客刺激消费。广告商们也在一旁推波助澜,留心消费者反应,注意市场细分。为了赢得年轻的消费者,各种色彩夺目、创意新颖的广告总是你方唱罢我登场,好不热闹。

这个以设计和营销为核心的五彩缤纷的广告世界引起了波普艺术家们的关注。他们开始将百事可乐等日常用品的广告重新进行包装,从而使人们能够从其他角度审视周遭的生活。波普艺术家们还将其他诸多日常用品引入其作品中。1956年,英国艺术家理查德·汉密尔顿创作了一幅作品,对吸尘器、收音机、电视机、食品包装、车标等日常用品进行了艺术处理。画中的人物有着魔鬼般的身材,电视名人在煲电话粥,一名男子手里拿着球拍大小的棒棒糖,上面写着"棒棒"——据说,"波普"便由此得名。

玛丽莲·梦露和猫王普莱斯利等名人成为波普艺术的另一素材。这些明星谋杀了摄影师无数菲林，成为公众媒体的宠儿。理查德·汉密尔顿的作品《我的梦露》展现了一系列梦露在海边的照片，他在梦露那些不养眼的照片上画了"叉"，但在其中的一张照片上画了对钩，并在旁边注上"好"。每每看到这张照片时，人们不禁要问，它究竟"好"在哪里？

波普艺术家们捕捉到购买欲后所隐藏的名人效应。但好莱坞的"造星"体系与旨在扩大消费的广告宣传一样，总是千篇一律而缺乏个性。

波普算不算艺术？

《是什么使今天的家庭如此不同，如此有魅力？》（理查德·汉密尔顿）等作品很是令人费

★《橘色的玛丽莲》，
安迪·沃霍尔（1962年）
人们一眼就知道该作品出自沃霍尔之手。他的大部分作品都应用了丝网印刷技法，对同一形象进行复制。

解。它们甚至也无法回答自身指出的问题,这是贯穿波普艺术的又一主题。美国艺术家贾斯伯·琼斯在完成"旗"系列绘画之后,曾自问道:"这是国旗还是绘画?"连他自己也说不清楚。与其他的波普艺术家一样,他不愿对自己的作品做出解释。他说过:"我认为任何对作品的阐释都是徒劳的。"

波普艺术家们拒绝解释其作品的含义,这曾一度激怒某些艺术界人士。波普艺术家们热衷于以新颖、另类的方式再现日常用品,所以总是招致人们的质疑——这究竟算不算得上是艺术?波普艺术家们从广告设计甚至漫画中学习了不少创作技巧,人们不禁要说,这些人不就是搞设

★《两面旗》,贾斯伯·琼斯(1973年)

作品将美国国旗幻化成一件艺术品。艺术家充分利用热蜡画法将蜡色涂于画布之上,艺术杰作由此诞生。

计或画插图的吗,哪是什么艺术家?!波普艺术家总是倍受争议,但是在欣赏他们的作品之前,最好不要妄下断言。

波普艺术发源地

波普艺术主要兴起于美英两国,在世界几大城市中曾掀起一股热潮。纽约的利奥·卡斯蒂里画廊在这场运动中功不可没,它曾经承办过很多波普艺术大师的首次个人作品展。几位美国波普艺术家都曾在黑山大学读书,并师从著名画家约瑟夫·阿尔伯斯。伦敦的皇家艺术学院也曾培养过很多波普艺术大师。伦敦的当代艺术中心(ICA)更可谓是这一"独立群体"的大本营。威尼斯双年展和卡塞尔文献展也对波普艺术的发展起到推波助澜的作用。

独立群体

1952年,"独立群体"成员聚集在当代艺术中心,针对很多焦点问题展开激烈讨论,所涉及的谈话范围之广令人瞠目。从传统艺术形式到直升机、汽车设计,核生物技术,控制化,大众传媒,地方文化,电影,漫画,流行音乐,他们无所不谈。该组织的两位创始人理查德·汉密尔顿和爱德华多·鲍罗齐爵士现已被尊为英国波普艺术的奠基人。

波普艺术的特色

波普艺术是新型艺术,它以多种方式和手段来反映人们五彩缤纷而又瞬息万变的现实生活。当然,与以往的艺术形式相比,波普艺术独具特色:

● 波普艺术以轮廓分明、色彩艳丽的硬边画见长,画中往往伴有文字说明和幽默的笑话。以罗伊·利奇滕斯坦为例,在他的作品中有泡泡状的人物对话框,颇有漫画的风格。相比之下,大卫·霍克尼的作品轮廓分明,更像艺术——这一点从运笔就能看出。

- 波普艺术通常滑稽可笑,令人心情愉快。马克·罗斯科抽象而悲凉的表现主义已为波普艺术家们所摒弃。安迪·沃霍尔曾说过,波普艺术的主题是一切美好的、令人心生好感的事物。

- 汽车、广告、电影等名牌产品、日常用品——尤其是那些我们习以为常,却很少关注的事物——都是波普艺术中的元素。

- 很多波普艺术家利用拼贴画法或组合技巧进行绘画。他们的作品总能给人一种耳目一新的感觉,从而给观者提供全新的欣赏视角。

- 波普艺术通常都不讲究透视效果。

- 很多艺术家利用机械技术手段进行创作,其中以丝网印刷法最为常见。用这种方法绘出的图画给人以独特的视觉享受,并令作品更加真实客观。很多波普艺术家主张画家要隐身于作品中。

鲍林娜·波蒂（Pauline Boty）1938~1966

- 1938年生于英国北部沃林顿镇
- 1966年在英国伦敦逝世

主要作品

《世上唯一的金发美女》（1963年）　《5-4-3-2-1》（1963年）

《男人的世界》（Ⅰ）（Ⅱ）（1965年~1966年）

　　鲍林娜·波蒂是波普艺术家中为数不多的女艺术家之一。她1938年生于伦敦沃林顿,家中有三个哥哥。父亲是波斯和比利时混血儿,很排斥艺术;母亲是非科班出身的艺术家,对自己未能学习艺术一直心存遗憾。1949年,波蒂的母亲染上了肺结核,病情严重。这给波蒂很大触动,她决心完成母亲的心愿,到艺术学校读书。

　　1954年,波蒂获得温布登艺术学校的奖学金到该校学习,专攻彩色玻璃艺术。1958年,她到皇家艺术学院继续深造——她梦想着学习绘画,但大概由于性别原因,未能被绘画学院录取。

　　波蒂离开家搬到学生公寓,尽情享受着无拘无束的校园生活。她买来漂亮的时装,疯狂地参加派对——如果住在家里,父母可绝不允许她这么做。除了艺术,波蒂还喜欢唱歌、跳舞、演戏。有空时,也写写诗歌。当时的皇家艺术学院和圣·马丁艺术学院可谓"英国波普艺术的摇篮",波蒂在那里有幸结识了很多波普艺术大师。1960年毕业时她已经在伦敦艺术界小有名气了。事实上,多才多艺的她当时正身兼数职——绘画之余,她还在哈默史密斯艺校教书;在电台主持节目;在电影公司拍戏。

★1962年,波蒂在画展上。面前是她的作品《绘画》。

波蒂出演了很多电视剧，但真正令她一炮走红的是1962年由肯·罗塞尔（现为著名制片人）监制的纪录片《波普走上画架》。该片讲述的是彼得·布莱克、德里克·波舍尔和彼得·菲利普斯等年轻有为的波普艺术家的故事。波蒂在其中饰演一位艺术家。

1963年，波蒂在伦敦格拉博斯基画廊举办了个人作品展。这场展出和罗塞尔的纪录片合力托起了这位光芒四射的波普艺术明星。

波蒂的拼贴画和绘画作品主要以20世纪60年代的名人为素材。猫王普莱斯利、影星玛丽莲·梦露和让·保罗·贝尔蒙多以及甲壳虫乐队时常出现在她的作品中。1962年，在一次专访中，波蒂不仅详细介绍了自己的作品，还一语道破波普艺术的真谛，她称其为"一种对现在的怀旧，近乎

★《世上唯一的金发美女》，鲍林娜·波蒂（1963年）
鲍林娜·波蒂是率先利用作品展现女性问题的艺术家之一。

于绘画中的神话——是关于此时此刻的神话"。20世纪60年代初,伦敦的青年人喜欢打扮,迷恋音乐。十几岁的少年、二十出头的青年全无青春期的烦恼,他们终日寻欢作乐,享受人生。波蒂早期的作品如《5-4-3-2-1》(来源于当时电视中一档流行音乐节目的名字)非常赏心悦目,洋溢着浓浓的青春气息。

1963年6月,鲍林娜·波蒂与10天前一见钟情的克莱夫·古德温闪电结婚。他们的家很快成为伦敦艺术家、媒体人和政客们时常聚会的"会所"。与日俱增的声望并未改善波蒂的心境,她不幸患上了抑郁症。她作品中的的政治倾向越来越明显,《古巴》和《暴力倒计时》两幅作品都在影射政治事件。战争成为波蒂作品的另一主题,如《男人的世界》(Ⅰ)(Ⅱ)。她开始利用作品

玛瑞索尔(Marisol)1930~

另外一位值得一提的女波普艺术家当推玛瑞索尔。她的全名是玛瑞索尔·埃斯利巴。1930年,她生于法国巴黎,父母是委内瑞拉富商。她曾在巴黎国立美术学院和朱莉亚学院读书,后于1950年移居美国纽约。

1951年至1954年4年间,玛瑞索尔分别就读于罗德爱兰岛的艺术学生联盟和纽约的普文斯镇汉斯·霍夫曼艺术学院。她擅长以木材和人造材料为媒材进行人像雕塑。她曾为约翰·韦恩和肯尼迪总统家族成员做过雕像。在她的作品中,名人像周围总是摆放着很多日常用品雕塑。对名人和日常事物的关注让她成为当之无愧的波普艺术家。1958年,她在利奥·卡斯蒂里画廊举办了个人作品展。

20世纪60年代开始,玛瑞索尔潜心进行人体雕塑。她运用自己的想象创作雕塑,这成为她作品的特点。她现在仍然工作、居住在纽约。

宣传女性主义，并不厌其烦地解释现代社会中女性存在的意义。艺术评论家、艺术史家大卫·梅洛甚至将《男人的世界》视作20世纪60年代纽约的代表性作品。

1965年，波蒂发现自己怀孕了，但体检查出她患有癌症。此时的她面临着两难的选择：打掉孩子，手术切除癌细胞；或是拒绝手术，保住孩子。她毅然选择了后者。1966年，她产下一女后不久便离开了人世。

吉姆·戴恩(Jim Dine) 1935~

- 1935年生于美国俄亥俄州的辛辛那提
- 生活在俄亥俄州、纽约、伦敦和佛蒙特

主要作品

《车祸》(行为艺术)(1960年)

《大鞋的坠落》(1985年)

《彩色窗边自画像》(1985年)

★吉姆·戴恩在自己的作品前留影。该作品由成百上千个风格迥异的名字构成。

　　1935年6月16日,吉姆·戴恩生于俄亥俄州辛辛那提的一个普通家庭。父母均为移民,在当地经营着一家小五金店。小吉姆在辛辛那提艺术博物馆儿童夜校学习时,初次接触艺术。儿时,自家店中的各色五金器具后来成为他艺术生活的重要组成部分。戴恩说:"我的祖父让我摆弄这些工具,但我想即便家里没有人跟这些东西打交道,我也仍然会对它们着迷的。"

　　尽管戴恩的作品中常常出现大众流行形象,但他并不认为自己是波普艺术家。当其他艺术家们千方百计在作品中隐藏想法的时候,戴恩却总喜欢在作品中刻意流露出自己的想法,这一点让他十分与众不同。

　　起初,戴恩在辛辛那提大学学习艺术,1953年转到波士顿美术及应用艺术学院深造。1959年,他来到纽约,积极投身于刚刚萌芽的波普艺术。他与艺术同行克莱斯·欧登伯格和阿兰·卡布罗合作策划了一系列"偶发艺术"活动。每次活动都不失为一次行为艺术表演,意象、色彩、空间、物体、人与动作在表演中相辅相成,浑然一体,极大地冲击着人们的传统艺术理念。此时的戴恩已经在浩浩荡荡的波普艺术大潮中自成一体:他以日常用品为创作元素,作品背景模糊而又时常图文并茂。

1960年至1965年,戴恩在许多大学任客座教授。1967年戴恩搬到了英国伦敦,他断断续续在纽约康奈尔大学建筑学院教书,同时他开始对印刷和素描产生浓厚兴趣。

1971年,戴恩重返美国,在佛蒙特买下了一家农场,在那里专攻人体素描。此时的戴恩返璞归真,皈依于传统的具象主义绘画风格。20世纪80年代初,戴恩开始进行雕塑,并以米罗的维纳斯为原型创作作品。20世纪90年代,戴恩对摄影表现出极大兴趣,创作了一系列以毛茸鸟类玩具为主题的摄影作品。

★《鞋》,吉姆·戴恩

日常用品经常出现在戴恩的作品中。有些物品是孩提时代的他就颇为熟悉的。画中的这双鞋虽然风格怪诞,但在20世纪50年代的美国青少年中间却很流行。

汤姆·威塞尔曼（Tom Wesselmann）1931~

　　包括《伟大的美国裸女》在内，汤姆·威塞尔曼的绘画着力渲染日常生活环境下的裸女，她们或是在沐浴，或是静卧在床上。《伟大的美国裸女》这幅作品将绘画与实物巧妙结合——先画好一位沐浴中的女人，然后在画布上粘一个实物浴帘。

　　1931年，汤姆·威塞尔曼生于俄亥俄州的辛辛那提市。他一直从事心理学和艺术研究，后于1956年移居纽约。此间，他在绘画上走的是"抽象表现主义"路线。但是从1959年开始，他转而搞拼贴画创作。1960年后，实物与景物成为他绘画的主体。在德国卡塞尔文献展展出的作品让其一夜成名。此次展览还成全了吉姆·戴恩、乔治·西格尔等其他波普艺术家。

理查德·汉密尔顿（Richard Hamilton）1922~

- 1922年2月24日生于英国伦敦
- 居于英国伦敦和西班牙海滨小镇卡达格

主要作品

《是什么使今天的家庭如此不同,如此有魅力？》(1956年)　《她》(1958年~1961年)

《室内》(Ⅱ)(1964年)　《所罗门古根海姆》(3幅浮雕)(1965年~1966年)

　　理查德·汉密尔顿主要在英国从事波普艺术创作。身为波普艺术的创始人,他率先将日常生活用品引入艺术创作之中,并启迪人们以全新的视角重新审视周遭生活中的一切。汉密尔顿还因为为甲壳虫乐队的《白色专辑》设计封面而在音乐界名声大震。

　　与大多数其他波普艺术家一样,汉密尔顿出身平平。1922年2月24日,他生于伦敦。父亲阿尔伯特是一名出租车司机,早年为了逃避当矿工而入伍当兵。在伦敦上学的汉密尔顿成绩并不突出,只对艺术情有独钟。12岁时,他开始上夜校学习艺术,此后,他的艺术学习就从未间断过。1951年,他从伦敦斯莱德艺术学院毕业并获得学位。

　　当时很多家境贫寒的孩子在14岁时便退学回家帮忙,汉密尔顿也不例外。由于他有素描基础,所以退学后不久他便在当地的电器公司宣传部找到了一份工作。那时,他白天在工厂做工,晚上到圣·马丁艺术学院补习。1938年,虽然他有机会到皇家艺术学院深造,但随着二战的爆发,学校于1940年被迫关闭。

　　学校关闭后,汉密尔顿在百代唱片公司的设计部找到一份制图的工作。战后,他于1946年重返皇家艺术学院,后来,校方以他学业成绩不佳为由勒令他退学。但其真正的原因是汉密尔顿在现代设计上所得到的训练与学院的要求相左。

由于汉密尔顿没有在二战中效力,所以被迫于1946年到军中服役。他说:"当时我哭着喊着,被人连拉带扯弄到了部队。"纪律严明的军旅生活剥夺了他绘画和设计的时间,但他每周都能看两三场电影,这极大激发了他对电影的热情,好莱坞的银幕形象也开始逐渐走进他的艺术世界。

转业后,汉密尔顿重新回到当年学习过的伦敦斯莱德艺术学院深造。1949年,他与在百代唱片公司结识并于1947年结婚的妻子喜获女儿多米尼。在斯莱德求学期间,汉密尔顿利用业余时间靠做建筑模型来补贴家用。1951年,他学成毕业,并获得学位。

从1952年起,汉密尔顿在伦敦教书,同年,他与其他艺术家共同创立了"独立群体"。这一团体逐步发展为英国波普艺术的一支劲旅。1955年,汉密尔顿的妻子又产下一子,取名为多米尼克。

1956年,"独立群体"在伦敦白教堂美术馆举办了一场名为"明天"的画展。汉密尔顿选送

★理查德·汉密尔顿是英国波普革命的发起者之一。1952年,他与其他艺术家共同创立"独立群体"。

彼得·布莱克（Peter Blake）1932~

1932年，布莱克生于肯特的达特福德。他始终否认自己是波普艺术家。他最著名的作品是给甲壳虫乐队《佩珀军士孤独之心俱乐部乐队》这张专辑所设计的封面。他在作品中经常使用波普艺术的特色元素：字母、日常用品、杂志剪报、名人明星。其代表作有《带奖章的自画像》、《玩具店》、《流浪者》。

布莱克在格雷夫森技术学院和艺术学院学习，1950年至1956年又在伦敦皇家艺术学院深造。1951年至1953年因在英国皇家空军服役，学业被迫中断。退役后，他获得资助到欧洲各地学习民间艺术。从1959年起，他利用别针、海报、明星照片、专辑封面和其他意象创作拼贴画。

的拼贴画《是什么使今天的家庭如此不同，如此有魅力？》成为英国波普艺术发展史上一幅里程碑式的作品。与展览本身一样，这幅作品取名于当时一场广告运动，涵盖了混合媒体艺术、通信、设计和技术等多种元素。拼贴画中的男女主人公是典型的俊男美女，他们置身于吸尘器、录音机等日常用品中，充分享受着现代化所带来的欢乐。欣赏这幅画时，观者无法看出画中人物的个性，映入眼帘的唯有现代文明的各种标志物。

1957年至1961年，汉密尔顿在皇家艺术学院教授室内设计（1953年至1966年，他还在伦敦大学国王学院和纽卡斯尔大学教书）。1960年，他在艺术界已经大名鼎鼎，倍受推崇，并且获得了威廉·诺玛考布雷绘画基金大奖。1962年，妻子特里在车祸中不幸去世，这对于汉密尔顿有如晴天霹雳。此后，他一直沉浸在丧妻之痛中无法自拔，直到1991年7月才再婚续弦——北爱尔兰画家瑞塔成为他的第二任妻子。

1963年，汉密尔顿首次来到美国，并结识了美国著名波普艺术家克莱斯·欧登伯格。1965年，刚从美国回来不久的汉密尔顿便提起画笔，重新创作法国艺术家马塞尔·杜尚的作品《大玻璃》。杜尚在作品中对于日常用品的运用方式曾对很多美国波普艺术家产生过深远影响。1966年，汉密尔顿在伦敦的塔特画廊举办了一场杜尚作品回顾展。

1968年，汉密尔顿为甲壳虫乐队的《白色专辑》设计封面，并因此而家喻户晓。从1969年起，他在艺术道路上几乎一帆风顺。同年，他协助大不列颠艺术委员会拍摄了一部有关其艺术发展的影片。1970年，他在荷兰阿姆斯特丹获得塔林国际奖章。

1969年，汉密尔顿移居西班牙海滨小镇卡达格。与安迪·沃霍尔和罗伊·利奇滕斯坦一样，他开始醉心于艺术的批量生产。汉密尔顿的作品《肯特州》便取材于电视节目中的一张海报，之后反复印制了5,000张。

1970年，汉密尔顿在塔特画廊举办了首场回顾展。20世纪80年代后期，他开始将经过计算机处理过的图像大量应用于绘画和版画中。

★《室内》(Ⅱ)，理查德·汉密尔顿（1964年）
这幅作品突出表现了室内的旋转椅和电视机等日常用品。很多波普艺术家的作品都具备这一特色。

大卫·霍克尼 (David Hockney) 1937~

- 1937年7月9日生于英国约克郡的布拉德福德
- 居于英国和美国加利福尼亚

主要作品

《幻想风格的绘画》（1961年）

《贝弗利山庄冲凉的男子》（1964年）

《大水花》（1967年）

★很多人都认为霍克尼是波普艺术家，但他本人却不以为然，坚称自己不过是一位艺术家，仅此而已。

大卫·霍克尼生于约克郡的工业城市布拉德福德，家中有三个哥哥和一个姐姐。尽管父亲对艺术很感兴趣，但镇上的人似乎都在疲于奔命，将养家糊口放在第一位。所以，这里并不盛产艺术和艺术家。"但是，我在11岁时就想成为艺术家。那时我对'艺术家'这称谓并不太理解，只是觉得凡是用画笔作画的人都是艺术家。"

11岁时，霍克尼因获得布拉德福德文法学校的奖学金而到那里就读。学校的生活百无聊赖。按照学校规定，学习成绩差的学生可以转学艺术。因此，霍克尼就想方设法把学习搞得一塌糊涂，这样，他就顺理成章地转到艺术班去了。16岁时，霍克尼终于说服父母让他到布拉德福德艺术学校学习。

1957年，按国家规定，霍克尼要到军中服役，但他是个十足的和平主义者，所以他对这个规定置之不理。然而，作为补偿，他不得不到医院工作两年。1959年，他终于得以重返校园，伦敦皇家艺术学院接收了他。在那里,他接触到了世界上最了不起的美术馆,并如饥似渴地欣赏着那些艺术经典,开始将毕加索视为偶像。当时的伦敦一派繁荣,观念、时尚总在不断地推陈出新,这一切都让霍克尼热血沸腾。他开始卖画赚钱,然后再去游山玩水。意大利、德国、法国、美国纽约(1961年他在那里结识了克莱斯·欧登伯格)、加利福尼亚和埃及都曾留下他的足迹。1962年,霍

★《大水花》,大卫·霍克尼(1967年)

　　加州明媚的阳光、艳丽的色彩和棱角分明的物体时常出现在霍克尼的作品中。《大水花》这幅画便是明证。

克尼学成毕业,并获得金质奖章,此时的他已经被尊奉为英国艺术大师了。

1966年,霍克尼移居美国加利福尼亚。这一时期,他主要描绘加州风情,用色明快艳丽。淋浴和游泳池令他兴奋不已——当时美国人早就习以为常的东西在英国还是稀罕物。"美国人一天到晚都在洗淋浴"。霍克尼对于日常用品的迷恋让很多人不由自主地将他视为波普艺术家,但他自己却不以为然。

1968年,霍克尼重返伦敦。1973年他又移居法国巴黎。在那里,他与毕加索的印刷商阿尔多和皮耶罗共事。同年,霍克尼创作了一批蚀刻作品以纪念年初去世的毕加索。

除了绘画,霍克尼还从事歌剧、芭蕾舞剧的舞台设计。1984年至1985年,他为时尚杂志《Vogue》设计封面。他也非常喜欢摄影,1986年,他开始给影印图片着色。他解释说:"我并非用复印机来简单地进行复制,这个创作过程其实很复杂。"他现在仍在孜孜不倦地进行着艺术创作,并定期往返于英国和美国加利福尼亚之间。

贾斯伯·琼斯（Jasper Johns）1930~

- 1930年5月15日生于美国佐治亚州的奥古斯塔
- 居于美国康涅狄格州

主要作品

《四格箭靶》（1955年）　《三面旗》（1958年）　《错误的开始》（1959年）

1930年，贾斯伯·琼斯出生于佐治亚州奥古斯塔的一个贫苦家庭，当时经济大萧条开始在美国肆虐。琼斯出生后不久，父母便离异。童年的他居无定所，辗转居于姑妈家和祖父母家，生活十分落魄。后来，母亲改嫁，琼斯搬去与继父家人同住（继父家中还有三个女儿）。

贾斯伯·琼斯的奶奶很喜欢素描和绘画，在她的鼓励之下，琼斯5岁便开始画画。对于他来说，童年的生活简直不堪回首。他曾经说过："我小时候生活的地方既没有艺术，也没有艺术家，所以我也根本不知道什么是艺术。换了一个新环境后，我才开始懂得艺术的真谛。"

1949年，琼斯开始在南卡罗来纳大学学习艺术，接受正规的艺术训练。然而，还没等获得学位，他就退学去了纽约。他希望能到纽约的商业艺术学院学习，但终因无法负担昂贵的学费，而被迫放弃了这一梦想。此后的两年中，他应征入伍，并随军驻扎日本。

退役后，琼斯重返纽约并立志成为一名艺术家。单靠绘画，他根本无法养活自己。因此，从1952年至1958年，他不得不在万宝路书店打工。1954年，琼斯结识了波普艺术家罗伯特·莱姆，他们二人联手为纽约最著名的博维特·泰勒百货公司和蒂凡尼珠宝店设计橱窗。他们合租一间房子，共同在纽约艺术界打拼。

★1988年贾斯伯·琼斯在意大利。

★《箭靶》，贾斯伯·琼斯（1955年）

20世纪50年代，箭靶开始出现在琼斯的很多作品中，并与旗子一同成为琼斯的王牌标志。

1954年,除了少量送给朋友的画以外,琼斯将剩下的作品统统销毁,以此与过去曾经深深影响过他的抽象表现主义诀别。他曾说:"我最后决定终身从事艺术,做名副其实的艺术家。"

琼斯将早期作品销毁后不久,便创作了一系列新的作品,并一举成名。著名的"旗"系列便产生于这一时期,其中有一幅色调简单朴素,取名为《两面旗》;另一幅则称为《三面旗》,画中三面旗相互叠放。这时的琼斯主要以旗子、箭靶、地图、数字等日常事物为题材进行创作。

琼斯利用热蜡画法使旗子、箭靶这些为人熟知的普通物品变得别具一格。热蜡画法是将各种颜料与滚烫的蜡油混合,然后给作品着色的方法。热蜡画法的应用使琼斯的作品看上去非常有质感。这样,观赏者在欣赏作品时便能够更加关注绘画本身,而不是挖空心思去琢磨作品的含义。琼斯说:"我只是在画旗子,这不过就是运笔、着色、绘画的问题,我想就这么简单。"

20世纪50年代中后期,琼斯的作品充分表明了他想打破美国艺术界抽象表现主义一统天下的局面的决心。热蜡画法旨在通过描绘日常用品来消解艺术家的个人情绪,这与抽象表现主义艺术家罗斯科等人的作品风格迥异——抽象表现主义主张以极其个人化的手法来着色,画面上几乎没有任何可辨认的物体。

1958年,纽约利奥·卡斯蒂里画廊展出了贾斯伯·琼斯的作品。这其中还有一段掌故:画廊老板卡斯蒂里到罗伯特·劳申伯格的画室看画,无意中发现了琼斯的作品,他为琼斯的才华所折服,当下决定给琼斯举办一个专场。琼斯的画展取得了巨大成功,于是他决定放弃在万宝路书店的工作,专心画画。他继续使用热蜡画法,同时还积极尝试其他艺术形式。1958年,他完成了自己的雕塑处女作。1960年,他的第一幅石版画横空出世。

石版画是平版画的一种。画家利用油性铅笔、蜡笔等油性材料在石版上创作画面,然后用水将表面沾湿,因油性材料描绘过的地方与水相斥,因此仅会沾到尚未被画上的部分,然后用滚筒将油墨涂在版面上,因为水保护了石版的其他部分,所以只有被描绘过的区域会保留住油墨,之后再将纸覆盖在石版上,以压印机印制而成。

现在的琼斯已经摆脱童年时的窘境,成为令人艳羡的富翁。1988年,他的名画《错误的开始》在苏富比拍卖行拍得170万美金的高价,创下在世画家作品拍卖新高。琼斯现住在纽约北部的康涅狄格州。耀眼的光环让他无所适从,1961年,他在南卡罗来纳州的爱迪斯多岛上购置了一幢房子,以躲避公众视线。1969年,这幢房子毁于一场大火。如今,琼斯仍从事石版画创作,而且还迷上了养蜂。

罗伊·利奇滕斯坦(Roy Lichtenstein) 1923~1997

- 1923年10月27日生于美国纽约
- 1997年9月29日在纽约逝世

主要作品

《贝拉米先生》(1961年)　《溺水的女孩儿》(1963年)　《轰!》(1963年)

《日出》(1965年)

　　罗伊·利奇滕斯坦的波普作品一经问世便受到推崇。时至今日,他的作品还时常见诸于杂志、海报和明信片。有些人虽然对波普艺术一窍不通,也不知利奇滕斯坦是何许人也,但他们却非常熟悉他那些以漫画形式出现的形象。

　　与那些家乡远离美国东海岸艺术中心的艺术家们不同,利奇滕斯坦1923年10月27日生于曼哈顿,父亲是房地产公司的经纪人,母亲是位家庭主妇。利奇滕斯坦还有一个妹妹瑞内,生于1927年。利奇滕斯坦的家境比较富裕,他曾说自己有着一个平静而简单的童年。

　　小时候,利奇滕斯坦非常喜欢素描和科学,他把大部分业余时间都用来做飞机模型。与当时的其他孩子一样,他迷上了电台广播剧《飞侠哥顿》和《魔术师曼德雷克》。他还喜欢给美国著名的爵士乐手画像。1936年,利奇滕斯坦到位于第89大道的富兰克林男子私立学校上学。一年后,出于爱好,他开始利用周末去学习绘画,而那时与他同龄的其他孩子不是去看电影就是和朋友一起玩耍。

　　1940年,利奇滕斯坦小学毕业,同年,二战爆发。利奇滕斯坦在富兰克林男子私立学校学习了一个月，他主要研习立体解剖画法，研究如何将文艺复兴时期盛行的打底法和上光法应用于现代艺术。

1940年秋，利奇滕斯坦离开纽约前往地处哥伦比亚市的俄亥俄州立大学学习艺术。美国1941年12月宣战时，他的学业被迫中断。1943年2月，利奇滕斯坦应征入伍。欧洲解放前夕，他一直在德国作战。欧洲解放后，利奇滕斯坦到巴黎城市大学学习法语和历史。一个月后，由于父亲病重，他返回美国探亲，1944年1月，他的父亲不幸去世。

父亲去世后，利奇滕斯坦重返俄亥俄州立大学继续攻读学位，毕业后留校任教。1949年，利奇滕斯坦与在克里夫兰10-30画廊邂逅的伊莎贝尔·威尔逊结婚。利奇滕斯坦以不同风格描绘着美国西部风情，抽象表现主义在其当时的作品中也并不鲜见。后来，利奇滕斯坦故意丑化抽象表现主义，他的漫画形象臭虫和唐老鸭都是用这种手法绘成的。起初，利奇滕斯坦的作品并未得到

★罗伊·利奇滕斯坦在其作品《轰！》前留影（1968年）
　1952年出版的某份报纸曾将利奇滕斯坦的作品视为5岁孩童的涂鸦之作，但他终究还是笑到了最后：1989年，他的一幅作品竟然卖出了55万美元的高价。

国际上的广泛认同。在其1952年的画展结束后，克里夫兰的艺术评论家曾毫不留情地批评说："这简直就是5岁孩子画的！"

1956年，利奇滕斯坦的波普处女作《一美元钞票》问世。20世纪60年代，他不断地使用不同风格进行创作。他开始运用卡通风格，这里也有一段小插曲：有一次，利奇滕斯坦5岁的儿子大卫指着一幅米老鼠的漫画对他说："我敢打赌，你肯定画得不如人家好！"于是，为了向儿子证明自己，他便开始以漫画的方式进行创作。

★《焦虑的女孩儿》，罗伊·利奇滕斯坦（1964年）

与罗伊·利奇滕斯坦的其他作品一样，《焦虑的女孩儿》也应用了"本戴圆点"来突出表现印刷后的彩色图像。

自1960年起，利奇滕斯坦一直在新泽西州罗格斯大学担任副教授。1961年夏，他创作了《看，米奇》，这是他首次尝试将漫画与连环画作为创作素材。在画中，他还首次应用了"本戴圆点法"，即用塑料宠物狗美容刷将油彩均匀点在画面上。该绘画技法再现了油印机通过留在纸张上的万千微小圆点产生明暗色调的过程。不过，利奇滕斯坦的圆点清晰可见，颇为夸张，似乎在有意吸引读者的眼球。同时，他在用色上也很大胆。他曾经坦言："我想使颜色尽量简单纯粹，原来淡红的颜色会在我的笔下成为正红。"

1961年后，罗伊·利奇滕斯坦将自己的5幅作品拿到纽约利奥·卡斯蒂里画廊。该画廊是当时纽约最负盛名的画廊之一，很多波普艺术家都是在这里成名的。几周后，画廊同意展出他的画。10月，他的作品首次在此展出，这样他每月能从中得到400美元的补贴。不久，他的一幅画被建筑大师菲利普·约翰逊相中。1964年，约翰逊设计了世界博览会纽约州会馆，他还委托罗伊·利奇滕斯坦、安迪·沃霍尔、罗伯特·印地安那、罗伯特·劳申伯格和约翰·张伯伦等一批艺术家为该馆作画。随即，又有几幅画被艺术收藏家买走。

虽然利奇滕斯坦在事业上蒸蒸日上，但他的婚姻生活却在走下坡路。1961年11月，他和妻子伊莎贝尔分居。之后，利奇滕斯坦搬到纽约的百老汇街。1962年，他搬回家住，但一年后这对夫妻再次分居，伊莎贝尔带着孩子搬到普林斯顿。同年，利奇滕斯坦从新泽西州返回纽约，并在曼哈顿中心的第26大道安家落户。这时，他暂别罗格斯大学，做起了专职艺术家。

与安迪·沃霍尔等其他波普艺术家一样，利奇滕斯坦也开始热衷于批量生产自己的作品。他聘请了一些助手来印制"本戴圆点"，并在短时间内"生产"了数目惊人的作品，这些印有"本戴圆点"的画作非常受欢迎。然而，利奇滕斯坦为什么要这么做呢？他的这些作品在表达什么呢？要想弄清楚这些问题，必须首先了解漫画、连环画的创作形式，因为利奇滕斯坦从中汲取了不少灵感和素材。

连环画是表现动作与事件的艺术形式。波普艺术和连环画有些相似。波普艺术家试图通过描绘大众文化来反映他们亲历亲见的现实生活。连环画所关注的也正是漫画人物此时此刻的现实生活,同时,像汤罐头一样,连环画可随手丢弃。连环画的这些特点使其成为波普艺术的理想素材。波普艺术家旨在将自己隐身于作品之中,而连环画的格式又能恰到好处地解决这一问题。此外,连环画让读者无法了解作者,因为作者通常不只一人:有人画动作,有人上色,有人负责文案。

★ 《贝拉米先生》,罗伊·利奇滕斯坦(1961年)

这幅作品使用了印刷文字,这是利奇滕斯坦仿漫画风格的作品中常见的手法。

20世纪60年代以后,利奇滕斯坦更加小心翼翼地在作品中隐藏自己,他尽量在绘画时不出错,不改动,做到每一笔都精益求精。

1965年,利奇滕斯坦与妻子伊莎贝尔正式离婚,伊莎贝尔获得了孩子的抚养权。此后,利奇滕斯坦又开始搬家。这回他选定了曼哈顿的宝丽190号,这里共有9间房,曾是一家德国银行的所在地。此后,利奇滕斯坦开始进行雕塑创作。他早期的作品曾利用文字来制造音效,但是这些文案有时显得画蛇添足。1966年,利奇滕斯坦彻底放弃了文案,直到1988年,他的作品才又开始"说话"。

尽管利奇滕斯坦的连环画图像产生于20世纪60年代,但直至1997年逝世,他从未放弃过各种尝试。他总喜欢别出心裁,也曾染指过雕塑和壁画。1970年,他搬到长岛的南安普顿,并开始着手进行巨幅壁画的创作。该壁画高3.5米,全长74.5米,整整占用了杜塞尔多夫大学医学院的四面墙。1974年,他的作品《现代之头像》被置于加利福尼亚的圣安尼塔赛马场,该头像是用金

帕特里克·考菲尔德 (Patrick Caulfileld) 1936~

1936年,帕特里克·考菲尔德生于英国伦敦,因其作品将漫画与现实相结合来描绘现实生活空间而闻名。人们总是不由自主地将他的作品与罗伊·利奇滕斯坦的作品相比较。考菲尔德最初在切尔西艺术学院学习艺术。1960年至1963年,他在皇家艺术学院深造,毕业后回到切尔西艺术学院教了七八年书。

1973年,考菲尔德给法国诗人朱尔·拉弗格德的诗集画插图。转年,他的作品在伦敦"新生代"展览上展出,并一举成名。其代表作《午餐后》以极为写实的漫画手法描绘了一间咖啡屋。

属、木材和聚亚安酯做成的。

　　1976年,利奇滕斯坦正值艺术巅峰。对名人情有独钟的安迪·沃霍尔还专门为他绘制了一幅丝网肖像版画。同年,利奇滕斯坦开始创作《活生生的办公室》系列作品。这些作品全部基于办公用品和报纸插图——他想以此来反映现实生活。1984年,利奇滕斯坦重返纽约暂住。1989年,他的作品《海军潜艇》在克里斯蒂拍卖行创下在世画家作品价格新高55万美元。

　　1997年,利奇滕斯坦患上肺炎,此间,他仍然"笔耕不辍",还时常往返于纽约和南安普顿两地。后来,他的病情日益恶化,于9月29日在纽约大学医学院去世。

克莱斯·欧登伯格（Claes Oldenburg）1929~

- 1929年1月28日生于瑞典斯德哥尔摩
- 居于瑞典、挪威、美国

主要作品

《两个汉堡包》（1962年）　《商店》（1962年）　《软马桶》（1966年）

《口红纪念碑》（1969年）　《衣夹》（1976年）

　　克莱斯·欧登伯格是波普艺术的代表人物。他以马桶、电话、口红和汉堡包等日常物品为创作元素，赋予它们以怪诞奇异的形式。他擅长写作、绘画、表演和雕塑，但最广为人知的还是他那怪异的软雕塑。

　　1929年，欧登伯格生于瑞典。美国进入经济大萧条时期时，他才1岁。他的父亲是瑞典外交官，后成为外交总领事。与很多波普艺术家不同的是，欧登伯格家境比较富裕，经济大萧条并未对他造成影响。小时候，欧登伯格家总是辗转于瑞典、挪威和美国之间，1936年，7岁的欧登伯格随家人定居于美国的芝加哥。

　　初到美国时，欧登伯格一句英语也不会说，所以很难交到朋友。为了排遣孤独和寂寞，他虚构了一个叫作"新生"的国度，在那里，瑞典语和英语并存通用。他用一系列剪贴簿来记录这个国家形形色色的生活。欧登伯格日后的艺术创作中都打上了这个剪贴簿的烙印。

　　后来，他到芝加哥男子拉丁语学校就读，但是他发现这里的课程陈旧老套，毫无乐趣可言。他宁愿到舞厅跳跳舞，听听音乐，或者会会朋友。毕业后，欧登伯格去了位于康涅狄格州纽黑文市的耶鲁大学,潜心钻研文学、戏剧和艺术,大学生活与到处是清规戒律的男子拉丁语学校大为不同。

大学毕业后,欧登伯格的理想是当一名作家。于是,1950年,他重返芝加哥,在"城市新闻署"做见习记者。1952年,他萌生了搞艺术的想法,便毅然辞去工作,到芝加哥艺术学院进修。1953年,他成立了自己的工作室,并取得美国国籍,在此之前,他一直给杂志画插图。1954年,他终于学成毕业。

★克莱斯·欧登伯格是瑞典籍美国人,他创作了很多令人难忘的作品,《巨型烟灰缸》就是其中之一。

1956年,欧登伯格到了纽约。他利用在古柏联合学院作兼职的机会,阅读了大量关于艺术史的书籍。期间,欧登伯格仍在进行着艺术创作。此时恰逢他的偶像——美国抽象表现主义画家杰克逊·保洛克刚刚去世,而其他抽象表现主义画家的作品又很难入得他的法眼,于是,欧登伯格决定放弃抽象表现主义,另辟蹊径。他渐渐发现自己对商店的橱窗、新产品的广告、涂鸦作品甚至是堆积如山的城市垃圾非常着迷。他开始以这些物品作为素材,大量进行雕塑。

在纽约,欧登伯格结识了波普艺术家吉姆·戴恩、乔治·西格尔、汤姆·威斯尔曼和阿兰·卡普罗。1958年,他开始与这些人一起搞"偶发艺术",在表演中,他们综合运用艺术、光线、色彩、运动和声音等多媒体。欧登伯格还亲自为表演创作巨型道具。

★《地上的汉堡包》,克莱斯·欧登伯格(1962年)
《地上的汉堡包》是用木棉填充而成的乙烯雕塑作品,看上去稀松柔软。

106

1961年，欧登伯格以满腔热情创作了《商店》。他用石膏雕塑了各色食物、服装、珠宝等物品，然后把它们摆放在租来的商店中。1962年，他在绿画廊展出了新版《商店》，这家《商店》里也有巨型海绵蛋糕、冰激凌甜筒和汉堡包。欧登伯格作品中的日常物品通常都是超大号的，这迫使观众以全新的视角来审视他们身边这些再熟悉不过的事物。

★《球拍形立柱》，克莱斯·欧登伯格（1977年）

后期，欧登伯格积极构思《球拍形立柱》等巨型雕塑艺术作品。

1962年至1963年，欧登伯格开始创作他的成名作。他以电话、马桶和打字机为素材，利用乙烯纤维和木棉（经常用来当座垫的填充物，类似于棉花）把这些硬邦邦的日常物品变成了稀松柔软的雕塑，让人叹为观止。这件作品的完成，欧登伯格的妻子派特功不可没——是她先将乙烯布料缝制在一起，然后包在作品的外围。

1965年的欧登伯格已经有足够的经济实力换个更大的工作室了。这时，他的想像力在广阔的空间中迅速膨胀着，他开始积极构思"纪念碑"系列的草图。

该系列其中的一幅作品叫作《1922年芝加哥论坛建筑比赛上迟交的作品：衣夹（第二版）》。这幅草图创作于1967年，对于芝加哥的那次比赛来说，它的确是件迟来的作品，不仅于此，欧登伯格还用它跟建筑开了一个大玩笑：他建议在芝加哥的上空悬挂这样一个巨型的衣夹。

他为纽约炮台公园所设计的巨型吸尘器等草图是根本无法付诸实践的，但也有一些想法变成了现实。1969年，欧登伯格未经允许就将其作品《口红》移至耶鲁大学校园。可是直到1970年，耶鲁大学才接纳了这件作品，并给它搬了新家。继《口红》之后，欧登伯格的一系列作品均取得了成功。其中最令人难忘的是他为巴黎蓬皮杜中心创作的《球拍形立柱》。

从1976年开始，欧登伯格与女艺术家古珍·凡·布鲁格合作创作了一系列大型雕塑作品。1977年，离异的欧登伯格与搭档布鲁格结婚。欧登伯格的许多大手笔都出自20世纪80年代，如位于德国费尔德市的巨型牙刷雕塑。他还与曾经设计了西班牙古根海姆博物馆的建筑师弗兰克·盖里合作。欧登伯格最近的作品是他为纽约古根海姆博物馆雕塑的巨型羽毛球。

爱德华多·鲍罗齐（Eduardo Paolozzi）1924~2000

- 1924年3月7日生于英国苏格兰小镇利斯
- 2000年逝于伦敦

主要作品

《我是富人的玩偶》（1947年） 《尤斯顿广场雕塑》（1981年） 《托特纳姆法院路地铁站马赛克装饰》（1983年~1985年）

★ 工作室中神情阴郁的爱德华多·鲍罗齐。

爱德华多·鲍罗齐是一名波普艺术家,一般人虽然对他的名字并不熟悉,但他的作品却绝对是家喻户晓,广为人知。每天,成千上万的伦敦人都会与托特纳姆法院路地铁站鲍罗齐的马赛克壁画擦肩而过;他的一幅雕塑作品就屹立于伦敦圣潘克拉斯街的大英图书馆外的广场上;在英国博物馆,伊丽莎白二世会议中心,甚至在1999年发行的千禧年邮票上,都留下了他的大手笔创作。

1924年鲍罗齐生于苏格兰的利斯,父母给他取名为爱德华多·路依吉·鲍罗齐。他的父母是意大利籍移民,在爱丁堡开冰激凌店。祖父与意大利著名画家米开朗基罗同名,但鲍罗齐并不认为这与他钟情于艺术有什么联系。1943年,鲍罗齐到爱丁堡艺术学院学习,然而二战的爆发使他被迫中断学业,应征入伍。

1944年,退役后的鲍罗齐前往伦敦圣·马丁艺术学院继续学习艺术。1945年,他转学到斯莱德艺术学院。1947年他离开伦敦,前往巴黎从事艺术创作。在巴黎,他有幸结识了阿尔伯特·贾柯梅蒂、布朗库西·布拉克和雷戈尔等艺术家。此外,一次偶然的机会让他接触到了"原生艺术"——法国艺术家让·杜布菲发明该词,用以形容出自非科班艺术家之手的艺术。

早在1947年,鲍罗齐便开始剪裁漫画书和杂志上的内容,作为自己的创作素材。《我是富人的玩偶》(1947年)就是利用这些素材集结而成的拼贴画作品,该作品被视为波普艺术先期的代表作。该作品甚至还首次用到了"波普"这一字眼,从此,"波普"开始成为"流行"的代名词。

1949年,鲍罗齐回到伦敦,在中央美术设计学院教书,直到1955年才辞去该职位。1951年,他跟女友弗莱达结婚。1952年,他与其他艺术家共创了"独立群体",在成立大会上,鲍罗齐作了题为《胡言乱语》的报告。

1952年,鲍罗齐的作品在威尼斯双年展上展出,评论家称他的作品是"心存畏惧的几何学"。20世纪50年代,美苏冷战刚刚开始,人们终日提心吊胆,生怕世界会再次陷入战争的黑暗。

作品《心存畏惧的几何学》便反映了当时人们对世界局势的担忧。而这样的作品出自于一位波普艺术家之手更是难能可贵——因为正像安迪·沃霍尔曾经说过的："波普艺术是一切美好、令人心生好感的事物。"

"胡言乱语"

"胡言乱语"是从《我是富人的玩偶》等作品中剪辑出的一系列幻灯片。幻灯片投影时，作品被放大，凸现于观众面前。《胡言乱语》这一报告也标志着大众文化进入到理论发展的新阶段，并为英国波普艺术定下了基调。

1955年，鲍罗齐离开中央美术设计学院，回到他曾经就读过的伦敦圣·马丁艺术学院执教。他住在伦敦的汉普斯特德区，与在当代艺术中心教书的一位朋友合租了一幢房子。他在房子的后花园开辟了一间小铸造工房。这在当时是非同寻常的，因为通常雕塑家们会将作品拿到别处去浇铸，但是鲍罗齐非常看中艺术创作的独立性，他希望对自己作品的每一个步骤都能亲历亲为。50年后期，鲍罗齐尝试将不同物体堆砌在一起，最后浇铸成形。

鲍罗齐热爱旅行，喜欢游山玩水。20世纪六七十年代，他曾多次搬家。1960年，他来到德国汉堡，这一时期他的雕塑作品越发简洁明了。鲍罗齐在汉堡住了两年，在当地艺术学校教书的同时，他还大量阅读哲学大师路德维希·维特根斯坦的著作。1968年，他到加利福尼亚大学伯克利分校作客座教师；1974年，他前往柏林；1977年，到科隆教制陶；从1981年起在慕尼黑做雕塑教授。

1979年鲍罗齐被授予"伦敦皇家学院院士"称号，并于1986年被女王伊丽莎白二世钦定为"苏格兰女皇之常任雕塑家"。1989年又被加封为爵士，名字前多了"爵士"的头衔。授勋时，鲍罗齐已经65岁了，但他在许多领域中都成绩斐然。他曾说："把雕塑摆在铁路的侧线上或通勤人们的眼皮底下,人们就不会对此熟视无睹了,这样放置雕塑的用意就是让它们变得触手可及。"

在人们眼中,鲍罗齐更像是一个公共艺术家,而非波普艺术家。从苏格兰克利斯城堡的天顶画、窗格画、德国门兴兴格拉德巴赫的墙体浮雕、伦敦尤斯顿广场的雕塑到托特纳姆法院路地铁站著名的马赛克壁画,鲍罗齐以其惊人的才华为人类留下了很多宝贵的艺术财富。

★《盛会》,爱德华多·鲍罗齐(1971年)

这幅画描绘了很多20世纪六七十年代流行的生活元素:如电视机、体育运动、机器人、火箭等等。

鲍罗齐的公共艺术收山之作是一件名为《从伦敦到巴黎》的巨型平台火车机车雕塑,全长7.6米,重达5吨。这件作品原本存放于皮卡迪里的皇家艺术学院的后院,2000年时经鲍罗齐本人建议,将它移至帕丁顿火车站,以纪念在2000年初拉德布罗克丛林站火车相撞事故中的21名死难者。

2000年8月,75岁高龄的鲍罗齐在其伦敦切尔西的画室中倒下了,后转为深度昏迷,再也没有醒来。白教堂美术馆的前总监布莱恩·罗伯森是这样赞颂他的:"没有人能比得上他,他拿起笔和纸,信手一画,即刻便笔下生辉。"

罗伯特·劳申伯格（Robert Rauschenberg）1925~

- 1925年10月22日生于美国得克萨斯州阿瑟港
- 居于得克萨斯、加利福尼亚、巴黎、北卡罗来纳、纽约和佛罗里达

主要作品

《土耳其宫女》（又名《奴女》）（1955年~1958年）　《山羊头牌坊》（1955年~1959年）

《水牛》（1964年）　《反动》（Ⅰ）（1964年）

★因波普艺术而成名的罗伯特·劳申伯格如今被奉为20世纪的代表艺术家之一。出生在得克萨斯的他现居于纽约和佛罗里达。

尽管人们总将罗伯特·劳申伯格定位为波普艺术家，但他实际上一直活跃在整个20世纪的艺术舞台之上。他极力倡导扩展艺术的定义，在他看来，艺术应该走出美术馆、戏剧院的藩篱，而且不应拘泥于绘画、油画和雕塑等形式。有评论家认为劳申伯格使艺术"从博物馆到拉圾箱"无处不在。

劳申伯格生于得克萨斯州阿瑟港，这是个以炼油为主的小镇。父母给他取名为米尔顿。上学后，他自己更名为鲍勃，最后又改称罗伯特。他的父母在当地一家能源公司任职，罗伯特是长子。其父母均是基督教会成员。劳申伯格的父亲十分严厉，希望孩子们擅长运动，在学业上出类拔萃。但是，劳申伯格在这两方面的表现都很差强人意，因此，儿时的劳申伯格总觉得愧对父母。

1942年毕业后，劳申伯格到得克萨斯大学学习药科，但由于他拒绝解剖活青蛙而被校方开除。以后他应征入伍，随军驻扎在加利福尼亚的圣地亚哥。期间，他有幸参观了当地一家博物馆，馆藏的18世纪英国肖像画让他眼界大开，从此，他便与艺术结下不解之缘。

战后，他重归故里，却发现父母已经不辞而别，他觉得自己被无情地抛弃了，再没有理由呆在得克萨斯州。于是，他去了西海岸的加利福尼亚，在那里，他什么活儿都干过。1947年，他到堪萨斯城市艺术学院学习历史、音乐及雕塑。为了谋生，在学习之余他还帮人设计橱窗、电影及摄影布景。罗伯特·劳申伯格一直梦想着能够到法国巴黎学习艺术。1948年，他到大洋彼岸的巴黎朱莉亚学院深造，终于如愿以偿。不久，他结识了苏姗·威尔，并决定与她一道返回纽约，到北卡罗来纳州的黑山大学读书，师从著名画家约瑟夫·阿尔伯特。

1949年，劳申伯格和苏姗·威尔来到纽约，就读于艺术学生联盟。1950年，两人结婚，不久便喜得贵子克里斯托弗。一年后，劳申伯格在贝蒂·帕森斯画廊举办了个人艺术展，但反响平平。1952年，劳申伯格和苏姗·威尔离婚。之后，他返回黑山大学，与指挥家兼音乐家约翰·卡基一起搞即兴艺术。日后，他还结识了舞蹈艺术指导梅西·康宁汉，两人搭档设计舞蹈演出服。

劳申伯格喜欢旅行。1952年至1953年,他与艺术家塞·托姆布雷结伴游历法国、意大利和西班牙。1953年,他回到美国,搬进纽约的一间阁楼工作室。不久,一幅名画新鲜出炉:他信手涂抹了抽象表现主义大师威廉·德·库宁的一幅素描。这幅作品保存至今,上面的橡皮擦痕都还清晰可见。然而,是什么驱使一位艺术家去信手涂抹另一位艺术家的作品呢?

其实,劳申伯格是想以此宣告抽象表现主义已经行不通了,该有另一种全新的艺术形式取而代之。在这一点上,艺术家贾斯伯·琼斯与劳申伯格简直是不谋而合,他在亲手毁掉自己以前

★《希腊》,罗伯特·劳申伯格(1964年)

1964年,罗伯特·劳申伯格获得威尼斯双年展特等奖,成为赢得该奖项的第一位美国人。也正是通过此次展览,美国波普艺术的影响延至欧洲。

的作品时,也决意与抽象表现主义分道扬镳。他们二人日后成为好友,并于1955年在曼哈顿合租了一间公寓,合伙成立了一家橱窗设计公司。

1958年,劳申伯格在波普艺术家的摇篮——利奥·卡斯蒂里画廊举办了画展。之后,他开始为但丁的作品《炼狱》绘制插图。为了专心绘画,他离开纽约到佛罗里达住了6个月。他还在佛罗里达的卡普提瓦岛购置了一处房产,以远离纽约的尘嚣。

劳申伯格借鉴了安迪·沃霍尔的丝网印刷法,将照片上的图像移植到画布上。他的作品融丝网印刷、绘画与拼贴画等多种风格于一体,还时常出现一些静物。1963年,劳申伯格在巴黎举办画展。他越来越有名气,也平生第一次赚了大钱。转年,他跟随约翰·卡基和梅西舞蹈团巡游世界。但是,他们渐渐发现劳申伯格所到之处总是引起争议,于是三人便各奔东西。

1968年,倍受推崇的劳申伯格受邀到美国宇航局观看阿波罗11号载人飞船首次登月。对于

詹姆斯·罗森奎斯特（James Rosenquist）1933~

1933年,詹姆斯·罗森奎斯特生于美国北达科达大福克斯县,在1955年到纽约之前,他曾在明尼阿波利斯和明尼苏达学习艺术。他获得明尼阿波利斯艺术学院奖学金,并在那里结识了波普艺术家罗伯特·印第安纳。两年后,詹姆斯·罗森奎斯特结识了贾斯伯·琼斯和罗伯特·劳申伯格。同年,他与纺织品设计师玛丽·露·亚当斯结婚。1959年,詹姆斯·罗森奎斯特与克莱斯·欧登伯格同在一班学习绘画。

詹姆斯·罗森奎斯特的代表作为《总统竞选》,该作品旨在影射约翰·肯尼迪总统的大选,罗森奎斯特将肯尼迪的画像放置在食物和汽车中间。其另一幅代表作是《F111》(1965年)。20世纪70年代后期,罗森奎斯特与妻子离婚后搬到他亲手设计的佛罗里达房子中居住。

波普艺术家而言,这一伟大壮举是难得的创作素材,没有什么能够像它一样将人的想像力发挥到极致。随着科技的发展,各种现代技术层出不穷,火箭连同整个发射过程都在全球同步转播,每一个人都在拭目以待。为此,劳申伯格于1969年创作了《空中花园》以纪念这一伟大的历史时刻。

或许因为劳申伯格总是对靠艺术谋生的那段岁月念念不忘,他在1970年成立了一家慈善机构,以资助贫困艺术家。同年,他移居佛罗里达州的卡普提瓦岛,他在那里拥有一处房产和一家印刷厂。从此,罗伯特·劳申伯格迷上了石版印刷等印刷技术。除了从各种媒体获得素材外,他还开始将自己的摄影作品用于创作。他到中国、日本、墨西哥等地旅行,获得了很多创作灵感。罗伯特·劳申伯格现生活在佛罗里达和纽约两地。

乔治·西格尔（George Segal）1924~

- 1924年11月26日生于美国纽约
- 居于纽约和新泽西

主要作品

《卡车》（1966年）

《洗衣房》（1966年~1967年）

《热狗摊》（1978年）

★乔治·西格尔别出心裁，利用真人进行石膏雕塑，颇有新意。

乔治·西格尔生于纽约布鲁克斯的一个犹太家庭。父亲雅各布原本是犹太屠夫，乔治16岁时，他在新泽西州附近租了一间养鸡场，改行养鸡。当时，西格尔正在纽约艺术高中读书，他没有跟随父亲前往新泽西，而是同姑姑住在纽约继续学习。

西格尔高中毕业时，报考了纽约古柏联合学院。他告诉父亲自己要学习商业艺术。实际上，他当时已经报名参加了美术辅导班，但担心父亲反对，就没告诉他。1944年，他获得美术文凭。同年，哥哥莫里斯应征入伍，参加二战。为了养家糊口，西格尔被迫放弃学业。

1946年，西格尔与海伦·斯坦伯格结婚。之后，他来到布鲁克林普瑞特设计学院和纽约大学教育学院潜心读书。毕业后，西格尔先后在很多学校任教，继而又从事雕塑和绘画创作。1949年，他购买了属于自己的养鸡场。1950年，他的儿子杰弗瑞出生。1953年，又喜得千金瑞娜。1956年，西格尔首次举办了个人作品展，一年后，又受邀参加了"纽约派：第二代"画展。

20世纪50年代后,西格尔开始尝试用电线网和石膏进行雕塑。1961年,他突发奇想,用石膏浸泡过的乳酪和绷带包裹人体模特,制成雕塑。最初,西格尔亲自充当人体模特,创作了作品《餐桌旁的男子》——他的妻子按照他的指示,用石膏把他层层包裹起来。

西格尔的作品关注的都是日常生活中的普通人。他对于石膏浇铸的运用有着一种不食人间

★《资助人》,乔治·西格尔

20世纪60年代初,西格尔发明了这一独特的雕塑形式。他的第一件人体模特雕塑作品是《餐桌旁的男子》——作品中的"男子"就是西格尔本人。

烟火般的鬼魅气息。石膏雕塑凹凸不平的表面和粗糙的细节更加重了这种感觉。

  1963年,西格尔在纽约罗根斯大学获得了美术硕士学位。此后,西格尔游历欧洲。他60年代的作品有着强烈的自传色彩。例如,他的雕塑作品《肉铺》(1965年)就是专门为纪念去世的父亲而作。在作品中,一个女人正在屋子中给鸡拔毛。这些主题鲜明的作品进一步巩固了西格尔在20世纪艺坛的地位。1970年,西格尔被罗格斯大学授予荣誉博士学位。此间,他还举办过很多颇有影响力的作品展。

  1982年,西格尔在为悼念二战欧洲犹太人中的死难者而举办的设计比赛中荣获大奖,其获奖作品陈列于纽约犹太博物馆。现在,西格尔仍与妻子住在与父亲的养鸡场仅一路之隔的自家养鸡场中。然而他们的养鸡场里不见一只鸡——西格尔已经把它用作工作室了。

安迪·沃霍尔 (Andy Warhol) 1928~1987

- 1928年8月6日生于美国匹兹堡
- 1987年2月22日在美国纽约去世

主要作品

《大力水手》（1961年）　《坎贝尔汤罐头》（1962年）　《玛丽莲·梦露》（25格）（1962年）

《猫王》（1963年）　《吞拿鱼之灾》（1963年）

　　1928年,安迪·沃霍尔生于美国宾夕法尼亚州匹兹堡。匹兹堡当时是熙熙攘攘的工业基地。沃霍尔的父母均是捷克斯洛伐克移民。为了过上幸福的生活,他们举家移民美国。父亲是建筑工人,当时匹兹堡雨后春笋般崛起的工业大楼中就曾洒下过他的汗水。起初,父母给他取名昂德烈·沃霍拉,后来他自己更名为安迪·沃霍尔——这名字听起来美国味十足。

　　沃霍尔对自己早年的生活总是讳莫如深。人们只知道他的父母是东欧天主教信徒。小时候,他定期跟随父母去教堂。他们的家布置得很简单,没有几件像样的摆设。当时,除非家里特别缺钱,妇女一般都不外出工作。但是,沃霍尔的母亲却靠给富人洗衣服、打扫房间来补贴家用。她常常用废弃的汤罐头给儿子做装饰物和小玩具。日后,这些坎贝尔汤罐头便成了儿子的创作素材。

　　小时候,沃霍尔生过两场大病,先是猩红热,后是风湿性舞蹈病。大病初愈的他皮肤惨白,这让他总是自惭形秽。生病期间他在家休养,绘画和漫画书成了他的挚友。他也很喜欢看电影,影片中的明星让他十分着迷。玛丽莲·梦露、马龙·白兰度等大明星日后都被他"请"到了作品中。

也许是因病休学的缘故，沃霍尔在学校里没有什么朋友。他少言寡语，但学习成绩不错。1945年他高中毕业。

1945年至1949年间，沃霍尔在匹兹堡卡耐基技术学院广泛学习了图片设计、艺术史、社会学和心理学等课程。他学习成绩优异，而且在商业艺术设计上表现出了超凡的想像力，但此时的他仍然十分羞涩，不善言谈。后来，他加入了舞蹈团，这让他信心倍增。在老师兼朋友菲利浦·佩尔斯坦的鼓励下，他只身前往纽约闯荡。

沃霍尔在纽约

在纽约，沃霍尔开始在《Vogue》和《Harper's Bazaar》等时尚杂志作商业艺术家。他终日用绘画诠释着那些司空见惯的日用品，而这些东西最终成为波普艺术的基石。与波普艺术家贾斯伯·琼斯一样，沃霍尔也为Bonwit-Teller等纽约商店设计橱窗。沃霍尔虽然整天忙得不可开交，但是他的处境并不十分乐观——吃住都很糟糕。1952年，他寡居的母亲来到纽约，看见儿子这般境遇非常心疼，于是决定留在纽约照料他的生活起居。

作为商业艺术家，沃霍尔的作品受到了纽约艺术界的关注。1952年，他在雨果美术馆举办了一场画展。之后，他把家搬到曼哈顿的莱克星顿大道，并且染黄了头发以示庆祝。沃霍尔的事业开始有了起色，新作接连不断。到了1956年，他已经有实力到欧洲旅行了。

重复的图像

1960年，沃霍尔开始在品牌产品和连环画上做文章。到1962年的时候，梦露和猫王的形象开始不断地出现在他的作品中。同年，他将丝网印刷技术应用于创作之中，反复印制作品。

沃霍尔最擅长反复使用同一主题。在其著名作品25格的《玛丽莲·梦露》（1962年）中，沃霍尔将梦露的头像复制了25次，放在同一幅画中。莫奈等早期画家也喜欢重复同一事物，以此烘托不同时刻光与色彩的变化，而沃霍尔则是用这种方法来突出事物之间的相似性。该作品的每一格中，梦露头像的大小、表情、角度都是一样的。25格《玛丽莲·梦露》暗讽了"梦工厂"好莱坞打造的明星都是千篇一律，毫无特色的状况。同时，如日中天的沃霍尔还做起了电影制片人，他每天都能与其作品中的明星们打头碰面。

★《自画像》，安迪·沃霍尔（1966年）
沃霍尔对名人情有独钟。1968年，他自己已经是家喻户晓的名人了。

工厂

1962年,沃霍尔成立了"工厂",即曼哈顿艺术工作室。此后的两年,该"工厂"生产了2,000多件艺术品,这种惊人的"创作"速度让人不由得联想到资源饱和的美国媒体。此时的沃霍尔还监制了电视节目《安迪·沃霍尔的电视》,开始在电影制作方面小试牛刀。1963年,他推出第一部

★《坎贝尔汤罐头》,安迪·沃霍尔(1968年)

沃霍尔创作了成百上千张以汤罐头为特色的版画。他一生偏爱罐装汤,甚至在午餐时请来客人一起享用。

电影《沉睡》,之后又执导了几部情节乏味又拖沓的超长电影(超过6小时)。

灾难作品

1962年,"工厂"开工后,沃霍尔开始以灾难为题材创作出一系列作品。《129人死于空难》便是沃霍尔死亡灾难题材的开山之作。他在回忆创作动机时说:"有一天,我和朋友吃饭,碰巧桌

★《吞拿鱼之灾》,安迪·沃霍尔(1963年)

沃霍尔的灾难作品取材于报纸标题,用以反映现代生活中暗藏的危险与罪恶。这幅画中的锡罐看似无毒无害,可谁成想它们居然是致命的隐形杀手?

上放着一份《纽约时报》,报纸上赫然印着一个标题《129人死于空难》"。于是,一幅幅与车祸、灾难、电椅等死亡题材有关的作品便应运而生了。

沃霍尔最有名的灾难作品就是不同版本的《吞拿鱼之灾》。一天,沃霍尔在报纸上看到一行字:"是不是吞拿鱼罐头上的裂缝要了麦卡锡和布朗夫人的命?1963年,沃霍尔开始了"吞拿鱼"系列作品的创作,以回应大众对于《坎贝尔汤罐头》的热情。与《坎贝尔汤罐头》不同的是,那些吞拿鱼罐头能致人于死地。

画展

1964年,沃霍尔受邀到纽约世博会举办展览,他与主办方签下了巨额展出合同。主办方希望沃霍尔以此为契机造势为美国作宣传。不出所料,沃霍尔果然利用这次展览真实地再现了美国人的现实生活。他用FBI的逮捕令——"13个通缉犯"做展览组图的标题,这着实让组织者大为恼火,他们下令将沃霍尔的作品全部撤出,最后这些作品被送往仓库销毁。

1965年,沃霍尔在费城现代艺术学院举办画展。这次与以往大为不同:展厅的墙上空无一物。原来在展览开幕当天主办方为了更好地保护作品使其避开拥挤的人群,把作品全都拿掉了。换成其他艺术家早就急了,但是沃霍尔却满不在乎。他开玩笑说:"这挺有意思:一场没有作品的开幕式!我不在乎他们把画从墙上拿掉。我很高兴自己还在拍电影。"

艺术家遇刺

1968年,安迪·沃霍尔蜚声国际画坛。不幸的是,他被一个曾经出演过他的影片的女演员刺杀,消息不胫而走,更是令沃霍尔家喻户晓。事发后,经过长达5个小时的手术,沃霍尔才脱离生命危险。此事刚好发生在他看见报道《129人死于空难》6年之后。沃霍尔自我解嘲说:"现在,我自己的灾难成了报纸的头版头条,就叫《艺术家遇刺》吧!"

  康复后,沃霍尔继续从事艺术创作。1969年至1972年,他在资助下创作了很多肖像画。1975年,他出版《安迪·沃霍尔的哲学》一书。20世纪80年代初,沃霍尔重拾灾难主题,并创作了一系列以种族暴动、电椅、灾难和纳粹建筑为题材的作品。1987年,沃霍尔由于胆管坏死而入院手术。这次,他没能走下手术台——1987年2月22日,沃霍尔离开了人世。

新生代

与以往的艺术相比,波普艺术有以下不同:其一,波普艺术家们在创作时大量应用了丝网印刷等大众媒体印刷技术;其二,波普艺术家们的作品轻松愉快;此外,波普艺术家偏好轮廓分明的几何形体和二维图像,在这一点上,波普艺术与硬边画派和视觉艺术类似。视觉艺术是一种抽象艺术形式,起源于约瑟夫·阿尔伯斯的作品。布特里奇·赖利等视觉艺术家利用图形、线条和色

克里斯托(Christo) 1935~

克里斯托1935年生于保加利亚。1968年至1976年,他分别在第四、五、六届杜塞尔多夫文献展和威尼斯双年展上展出作品。与他同时代的很多波普艺术大师的作品也曾在此展出过。

克里斯托以包裹大型物体著称。其最有名的作品莫过于《被环绕的岛》——迈阿密附近的比斯坎湾的10座小岛被他用粉红色的纤维团团包裹,活脱脱成了一朵漂浮在佛罗里达海域的巨型睡莲。

罗伯特·印第安纳(Robert Indiana) 1928~

1928年生于印第安纳州的纽卡斯尔,原名罗伯特·克拉克,后自行改为罗伯特·印第安纳,以纪念自己的家乡。印第安纳早期的作品深受交通标志、旧商标和游戏机的启发。

1966年,印第安纳的作品在德国杜塞尔多夫展出。但是,真正让他蜚声国际画坛的是第四届卡塞尔文献展,在此,他迎来了最重大的艺术突破。当时,与印第安纳一同参展的还有美国著名波普艺术家汤姆·威斯尔曼、吉姆·戴恩和乔治·西格尔。

★《方格的运动》,布特里奇·赖利(1961年)
布特里奇·赖利的作品巧妙地利用图形和线条来营造深度和透视效果。

布特里奇·赖利 (Bridget Riley) 1931~

1931年,布特里奇·赖利生于南伦敦。她大概是最著名的视觉艺术家,她的作品收藏于世界各大现代艺术博物馆。1965年举办的展览"眼睛的反应"令布特里奇·赖利成为家喻户晓的名人。

彩在画布上制造视觉效果。

很多原创波普艺术家现仍活跃于艺坛。但是，很少有人在原地踏步，他们开始在作品中尝试摄影、传真、计算机图像和印刷等现代技法。在新一代艺术家中仍很"波普"的是迈克尔·克雷格·马丁，他利用计算机来存储日常物品的图像，然后将它们应用于壁画和其他作品的创作中——与商业广告有些神似。达明安·赫斯特的作品则擅长旋转和圆点，颇有视觉艺术之风。

图书在版编目（CIP）数据

现代艺术家与波普艺术家/（英）巴恩斯,（英）梅森著；简悦译.
—天津：天津教育出版社，2008.1
（艺术家传略丛书）
ISBN 978-7-5309-5044-9

Ⅰ.现… Ⅱ.①巴…②梅…③简… Ⅲ.艺术家—列传—世界—青少年读物 Ⅳ.K815.7-49

中国版本图书馆CIP数据核字（2007）第167452号

CONTEMPORARY ARTISTS © Reed Educational and Professional Publishing Ltd 2002
POP ARTISTS © Reed Educational and Professional Publishing Ltd 2002
This edition is published in Great Britain by Heinemann Library, Halley Court, Jordan Hill, Oxford OX2 8EJ, part of Harcourt Education. Translated by Tianjin Education Press from the Original English language version. Responsibility of the accuracy of the translation rests solely with Tianjin Education Press and is not the responsibility of Harcourt Education.

天津市版权局著作权合同登记
图字：02-2006-82号

现代艺术家与波普艺术家

瑞秋·巴恩斯	选题策划/袁 颖
保罗·梅森/著	责任编辑/袁 颖
简悦/译	装祯设计/王伟毅

出 版 人	肖占鹏
出版发行	天津教育出版社
	天津市和平区西康路35号
	邮政编码 300051
经 销	新华书店
印 刷	天津泰宇印务有限公司
版 次	2008年1月第1版
印 次	2008年1月第1次印刷
规 格	16开（787×1092毫米）
字 数	54千字
印 张	8.25
定 价	22.00元